KB266900

여자,
기록을 가로채다

장지연
윤민경
지음

푸른역사

삶이 나의 공부와 직접적으로 맞닿았으면 하고 바랄 때, 그런 이야기를 누군가와 나누고 싶은 갈증을 느낄 때가 있다. 2024년 초, 겨울 언제쯤이 그런 때였다. 마침 비슷한 생각을 품고 있던 몇몇이 만나, 분위기 근사하고 맛 좋은 먹거리가 한아름인 음식점에서 한껏 수다를 떨었다. 평소 안면이 있는 사이도 있었지만, 그날 처음 만난 이들도 있었다. 늘 그렇듯 수다는 중구난방. 그러나 비슷한 결의 고민을 하는 이들끼리 첫 만남의 벽을 허무는 것은 그리 힘들지 않았다. 이 책은 그날의 수다와 각자가 품고 있던 갈증과 고민을 발전시킨 결과물이다.

"여성을 제외한 역사가 가능한가?"라는 모토가 나온 지도

30년이 되어 간다. 그사이 한국사 서술의 현장에서도 여성, 젠더 등이 빠져서는 안 된다는 공감대가 형성되었으며, 관심의 대상과 분야, 시대도 광범위하게 확장되었다. 수많은 자료와 인물의 발굴은 여성사 서술의 폭을 넓혀 주었으며, 여성주의 운동과의 공명은 현실 사회와 긴밀한 연결 고리를 지닌 분야로 자리 잡게 하였다. 그러나 한발 물러나, "여성사가 한국사를 보는 '관점과 방법'으로 제대로 녹아들어 있는가"라는 질문을 던지면 여전히 아쉬운 지점이 없지 않다.

여성사를 연구하는 역사학자들이 봉착하는 가장 큰 장애물은 여성 자신의 기록이 아니라 상류층 남성과 가부장적 국가에 의해 작성된 사료를 통해 접근할 수밖에 없다는 점이다. 한국사의 대부분 기간에 절대다수의 여성이 문맹이었기에 그들이 직접 남긴 기록은 거의 존재하지 않는다. 사료에 구속되기 마련인 역사학자들은 여성의 목소리를 직접 듣지 못한 채, 남성과 가부장적 국가의 발화를 통해 들을 수밖에 없다. 이는 부지불식간에 그들의 관점과 담론 속에서 여성들을 조명하는 위험에 놓이게 한다.

관점의 편향성은 서술의 평면성을 불러온다. 여성을 어떤 제도를 구성하는 하나의 요소로만, 또 정적인 존재로만 기술

할 우려가 있다는 의미다. 간혹 이런 흐름에서 벗어나 활기 있게 서술되는 존재들은 시대와 공간을 초월하는 초인적 여성이거나 저항적 여성이었다. 너저분한 일상과 빡빡한 제도에 속박되어 살아가는 우리에게 그런 여성들은 그저 대단하거나 멀리 있는 존재로 느껴질 수밖에 없다.

이 책은 이러한 한계에 도전하기 위해 여성의 행위 주체성에 초점을 맞추었다. 시대와 공간, 사회구조와 제도에 속박된 여성들이 각자 어떠한 전략을 가지고 어떠한 행위를 했는지, 자기표현의 전략을 어떻게 수립하고 실천했는지를 추적하고자 한 것이다. "○○하다"는 바로 이를 함축한 제목이다.

책에 등장하는 수많은 여성 가운데 한국사라는 거대서사에 기록될 만한 이들은 없다. 개중에는 당대에는 위인으로 추켜세워졌지만 지금은 그저 구조와 이념의 피해자로 여겨지는 여성도 있고, 당대에 악녀로 일컬어졌으며 지금 눈으로 봐도 딱히 아니라고 하기 어려운 여성도 있다. 신분이나 계급적으로 다양한 부류가 등장함은 물론이다. 지금도 그렇듯 과거의 여성들도 이만큼 다양했다는 점, 다양한 시대와 사회적 조건 속에서 그들 모두가 각자의 꿍꿍이를 지니고 자기 나름의 전략을 구사하며 열심히 살았다는 점을 보여 주려는 필자들의 선택이다.

이 책에서는 당시 상황을 재구성한 허구적 서술을 적극적으로 시도하였다. 역사학자의 글은 딱딱하고 무미건조하다는 편견에서 조금이나마 벗어나고 싶기도 했지만, 무엇보다 그녀들의 목소리를 소환하여 좀 더 쉽게 널리 전달하고 싶다는 소망에서 그런 것이다. 다만 허구와 사료의 경계를 분명히 하기 위해 필자들이 각색한 부분은 본문이나 인용문과 다르게 편집했다. 어느 정도까지 허구적 재구성을 허락할 것인지는, 사료에 충실하라는 훈련을 받아 온 필자들에게는 꽤 큰 도전이었음을 고백한다.

흡인력 있는 수많은 여성의 이야기만큼이나 필자들이 그녀들의 목소리를 찾아내기 위해 시도한 방법론을 알아채 주었으면 하는 바람이다. 필자들은 사료의 행간, 사료와 사실의 균열 지점을 섬세하게 추적하고, 이를 통해 상류층 남성과 가부장적 국가의 기록이 담지 않은/못한 여성의 목소리를 드러내고자 했다. 그 과정에서 필자들도 늘 보던 사료에 대해 이전에는 생각지 못한 신선한 관점을 얻거나 새로운 독법을 깨우치기도 했다. 그런 점에서 이 책은 "여자, 역사하다"의 현장이기도 하다.

필자들의 분투도 분투지만, 세련되고 아늑한 맛집과 회의 장소들이 없었다면 이 책을 완성하기 힘들었을 것이다. 바로 그곳에서, 동네 아주머니들이 모여 주전부리와 세상 소식을 나누던 누군가의 안방을 역사의 중요한 현장으로 호출할 영감과 용기를 얻었다. 멋진 책으로 다듬어 준 도서출판 푸른역사에 감사드리며, 출간한 책을 가지고 다시 모일 미래의 맛집과 새로운 수다를 기대한다.

필자를 대표하여

장지연 씀

기록으로 무언가를 기억하려는 의지, 기록으로 누군가에게 기억되려는 의지. 이는 어쩌면 역사의 본질일지 모른다.

《여자, 기록을 가로채다》는 한국사에서 여성과 기억, 그리고 기록의 문제를 다룬 두 편의 글을 실었다. 장지연이 쓴 〈여자, 기억하다〉의 주인공은 고려시대 절부 조씨라는 여성이다. 이 글은 역사적 상상력을 동원해 절부 조씨의 일생을 생생히 재구성한다. 동시에 조씨가 직접 겪은 고려 말 전란의 참화에 대한 기억이 소멸되지 않고 그녀의 입을 통해 전해져 남성 지식인의 손으로 역사에 기록되었을 것이라는 흥미로운 추정을 제시한다. 전근대 여성이 직접 기록을 남기지 못했다 하더라도 기억을 전달했을 가능성을 타진하며, 구술 기억이 문자 기록으로 전환되었을 가능성을 제기하는 것이다.

　윤민경이 쓴 〈여자, 기억되다〉의 주인공은 조선시대 기생 가련이라는 여성이다. 가련은 기생이었으나 누구보다도 세상의 인정을 갈망하고 기억되기를 열망한 인물이다. 이 글은 문자를 제대로 쓰지 못하는 하층 여성이 남성의 기록을 이용하여 자신의 욕망을 어떻게 실현시켰는가에 주목한다. 이는 전근대 여성에 대한 남성의 일방적 기록에 내재된 여성의 의지를 발견하려는 시도이기도 하다. 즉 독자들이 이 책에서 만나게 될 역사 기록은 남성의 손으로 쓰였을지언정 그것을 한끝만 들추어보면 실은 절부 조씨와 기생 가련이 '가로챈' 기억인 셈이다.

　경험에 기반한 생생한 기억이 있음에도 직접 기록을 남길 수 없었던 절부 조씨. 자신을 기억시키고자 남성 지식인과 공모해야 했던 기생 가련. 시대도 신분도 달랐던 두 여성의 공통점은 스스로 쓸 수 없었다는 데 있다. 절부 조씨의 시대와 기생 가련의 시대에서 훌쩍 시간이 흐른 오늘날, 여성은 기록을 남기고 역사를 쓰는 데 별다른 제약이 없는 듯하다. 여성이 언어와 매체를 겸비한 듯 보이는 세상에서, 여성의 기억과 여성에 대한 기억은 과연 정당한 자리를 차지하고 있는가. 고민을 안고 《여자, 기록을 가로채다》를 시작한다.

윤민경 씀

여자,
기억하다

장지연

여자,
기억하다

어머니! 지금은 어머니가 노 설흔이야기로 밝혀 주던
봄밤도 어둡게 이슥하여졌수.
　　—임화, 〈어머니〉(1929)

글을 읽지 못하고 쓰지 못한 대다수 여성의 기억은 전달되지
않았을까? 역사 기록은 정말 소수의 남성이 독점한 것에 불
과했을까?

여기에서는 '역사 기록은 소수 남성의 기록'이라는 당연한
테제에 의문을 제기한다. 과거의 '그녀들'은 대부분 직접 글
을 남기지 못했다. 그러나 우리가 좀 더 세심한 눈을 지니고
있다면, 남성들이 남긴 기록 속에서도 '그녀들의 기억'을 읽
어 낼 수 있지 않을까? 〈여자, 기억하다〉는 이 같은 가정에서
출발한 실험적 시도이다.

그 단서는 이곡李穀(1298~1351)이 남긴 〈절부 조씨전〉(《가정집》 권1, 잡제)이다. 글의 주인공인 조씨가 살았던 1260년대부터 1330년대 고려라는 국가와 사회에는 큰 변화가 있었다. 강도江都에서 개경으로 수도를 옮겼고 몽골과의 오랜 전란을 마무리지었다. 국왕은 몽골 공주와 혼인을 하며 머리를 깎고 몽골 복식을 입었다. 조씨는 그 과정에서 발생한 전란으로 아버지, 시아버지, 남편을 차례차례 잃었으나, 홀몸으로 자녀와 손주들까지 키워 내며 일흔 줄의 할머니가 될 때까지 건강히 생존했다.

이곡은 조씨의 이러한 삶을 기리며 '절부節婦', 즉 남편이 죽은 후에도 재혼하지 않고 절개를 지킨 아내라고 규정했다. 아마도 당대의 남성 지식인이 이 여성을 포착할 수 있었던 최선의 단어였으리라. 하지만 여기에서는 그의 글을 다르게 독해할 것이다. 그녀는 전쟁 생존자였고, 그 생존을 통해 얻은 경험과 견문을 전달한 기억 전달자라는 관점이 그것이다. 이제 그녀의 첫 위기로 들어가 보자.

여섯 살 조씨의
강화도 탈출

1270년 한여름, 강화도 앞바다에

배들이 꼬리를 물고 둥실둥실 떠 있었다.

남녀노소 수많은 사람이

이부자리와 옷가지, 솥단지와 밥그릇 등

급하게 챙겨 나온 짐을 이고 지고

웅성웅성 모여 있는 가운데,

여섯 살 난 여자애가

아버지의 바짓자락을 꼭 붙잡고 서 있었다.

자주 오가며 놀던 포구였건만,

평소와는 다른 공포가 감돌고 있었다.

속삭이는 목소리가 들려왔다.

'어제 현 장군댁이 몰래 배를 타고 도망가다
잡혔다는 얘기 들었는가?'

'장군님은 잡히고 마님은 두 따님이랑 같이
바다에 몸을 던지셨다며?'

'이런! 다 돌아가셨대?'

웅성거림이 퍼지는 듯하자,
군인들이 칼과 창을 들이대며
무서운 표정과 큰 목소리로 사람들을 윽박질렀다.

"이봐! 얼른 이 배부터 타라고!"

"빨리, 빨리! 늑장 부리지 말고, 어이, 거기! 당신 이리 와!!"

얼굴이 익은 아버지 동료들이 많았는데,
이전에는 본 적 없는 표정과 목소리였다.
그때 누군가 아버지에게 하는 이야기가 들렸다.

"자네에게 별장을 제수할 테니 이 배를 맡아

《삼강행실도》 중 현처사수(현씨의 처가 물에 뛰어들어 죽다) 부분.
삼별초의 난이 일어나자 현문혁은 가족과 함께 개경으로 달아났다.
쫓아오는 적을 향해 아내가 화살을 뽑아 건네주고 현문혁이 활을 쏘며
저항하였으나, 배가 얕은 여울에 걸려 움직이지 못하게 되며
현문혁은 팔에 화살을 맞고 쓰러졌다. 그러자 현문혁의 처는
적들에게 욕을 당하지 않겠다며, 두 딸을 꺼안고 물에 몸을 던져 자살하였다.
* 출처:《삼강행실도 열녀편》(세종대왕기념사업회, 1982).

남쪽으로 가시게.”

“내 기껏 9품의 대위거늘, 어떻게 자급을 뛰어넘어 7품의
별장을 감히 받을 수 있겠나? 안 될 말일세.”

아버지와 아저씨가 옥신각신하는 얘기를 들으며,
어린 조씨는 아버지의 바짓자락을 더욱 꽉 붙잡았다.
마지막에 아저씨는 “여하간 자네만 믿네”라는 말을
내뱉고는 도망치듯 다른 배 쪽으로 황급히 사라져 버렸다.
무어라 외치다 포기한 아버지는
자신을 안아 들고 한 척의 배로 향했다.

“조 대위라면 똑똑하고 강인한 사람이니 믿을 수 있지.
어차피 어디든 타야 한다면, 나는 그 배에 타겠네!”

따라붙는 사람들이 생겼다.
조씨는 자신을 안아 든
아버지의 단단하고 넓은 가슴에 착 달라붙어
두 손으로 아버지의 굵은 목을 꼭 감싸안았다.

‘아버지와 함께라면 괜찮아. 괜찮을 거야!’

주인공 절부 조씨의 여섯 살 때 일을 재구성해 보았다. 아버지 조자비와 여섯 살 조씨가 떠밀려 탄 배는 바로 삼별초가 난을 일으키며 띄운 배였다. '삼별초의 난' 혹은 '삼별초의 항쟁'이라 불리는 사건이다.

먼저 1270년이라는 시점에 무슨 일이 일어났는지에 대한 배경 설명이 필요하다. 고려 왕 원종은, 몽골과 강화를 맺고 난 후에도 늘 불씨처럼 자리하고 있던 문제를 해결하기로 마음먹었다. 바로 옛 수도 개경으로 다시 돌아가는 것이다. 원종은 "나라의 안위가 이번 일 하나에 달려 있다"고 할 정도로 환도에 심혈을 기울였다. 그러나 무신 집정인 임유무는 이를 거부했다. 30여 년 전, 전격적인 강도 천도를 결정한 이가 바로 무신 집정 최우였다. 무신들에게 개경으로 돌아간다는 것은 자기네 정권의 안위가 위태로워질 수 있는 문제였다. 결국 임유무를 죽이고 무신정권을 종식시킨 후에야 개경 환도를 단행할 수 있었다. 하지만 마지막 한 무리가 격렬히 반발했다. 무신정권의 군사적 기반, 삼별초였다. 많은 관료와 군사들이 개경으로 가기 위해 강화도에서 대기하고 있던 때, 삼별초는 이들을 배에 강제로 몰아넣고 남쪽으로 향했다.

삼별초는 왕족인 승화후를 왕으로 추대하고 관료들과 장교들에게 벼슬까지 임명하며 나름의 조정을 구성했다. 하급 군인인 대위였던 조씨의 아버지 조자비에게도 등급을 뛰어넘어 별장(정7품)이라는 지위를 주면서 회유했다. 그러나 조자비는 꾀를 써서 남쪽으로 함께 내려가지 않고 배를 돌려 개경으로 돌아왔다. 아마도 어떻게든 배의 키를 장악했던 모양이다.

삼별초에 강제로 끌려갔건 자발적으로 갔건 이때 남쪽으로 내려간 이들의 운명은 참혹했다. 여성과 어린이들은 칼에 찔려 죽거나 바다에 빠져 대부분 죽었으며, 그나마 살아남은 이들 얼마도 몽골로 끌려가 버렸다.

"그래도 아버지 배를 함께 탄 사람들은 모두 살았네.
할아버지, 할머니는 물론이고 나 같은 어린애도 말이오."

절부 조씨의 주름진 얼굴에
그때의 안도감과 자부심이 퍼져 나갔다.

아버지의 죽음,
어머니의 부재

무사히 개경으로 돌아온 데 대한 기쁨도 잠시, 조씨에게 큰 시련이 닥쳤다. 개경에 오자마자 아버지가 다시 관군에 소속되어 삼별초 진압을 위해 파병된 것이다. 진도를 거쳐 제주까지 간 아버지는, 이듬해 겨울 그곳에서 죽음을 맞았다. 일곱 살 조씨에게 닥친 두 번째 시련이었다.

아버지 사후 조씨는 어떻게 살았을까? 어머니가 키웠을까? 묘하게도 조씨의 이야기에 어머니는 전혀 등장하지 않는다. 어쩌면 아버지를 잃기 전에 이미 어머니를 잃었을 수도 있다. 아니면 아버지의 죽음 후에 어머니가 바로 재가를 하여 조씨와 떨어졌을 수도 있다. 그러나 고려시대에는 여성들이 재가를 해도 자기 자식을 데리고 가는 경우가 많았기 때문에 꼭 그러했으리란 법도 없다. 설령 어머니가 재가를 했다 하더라도 외가 이야기는 나올 법한데 그마저도 나오지 않는다. 조씨보다 한 세대 아래 인물인 민적과 같은 이는 외가에서 태어나 이모부가 데려다 양육했다. 이처럼 당시는 외가에서 태어나고 생장하는 경우가 많았다. 그럼에도 이곡의 기록에 조씨의 어머니도, 외가도 등장하지 않는다는 점은 의문으로 남는다. 이는 이곡의 기록과 사실 사이에서 보이는 첫 번째 균열이다. 여기에서는 잠시 접어 두고 뒤에서 다시 이야기할 것이다.

아버지를 잃은 조씨는 열셋의 나이에 대위인 한보라는 이에게 출가했다. 고려시대의 평균적인 혼인 연령이 15세에서 20세라는 점에 비추어 보면 이른 편인데, 아버지도 없는 데다 몽골에 보낼 공녀로 징발될 위험이 있어 그랬을 가능성이 크다. 몽골의 공녀 요구 때문에 여성들의 혼인 연령이 낮아지며 조혼이 시작되던 시기였다.

남편 한보는 아버지와 같은 대위였고, 시아버지인 한광수는 8~9품 정도에 해당하는 하급 관직인 수녕궁 녹사였다. 격이 비슷한 집안끼리 맺은 혼사였던 것이다. 아버지의 관직, 시집의 관직에 대한 정보는 기록자인 이곡이 아니라 조씨의 기억에 근거했을 것이다. 겨우 예닐곱 살에 난을 겪고 아버지를 잃었는데도, 조씨는 아버지의 관직이 대위였다가 등급을 뛰어넘어 별장을 임명받았다는 사실을 정확히 기억했다. 남편과 시아버지의 관직도 분명하게 기억한 듯 언급되어 있다. 이는 당대 여성과 어린이도 가문의 격을 보여 주는 정보를 매우 중시했다는 점을 보여 준다. 여기에서 조씨네 집안, 시집의 관직이 이렇다는 것을 잠시 기억해 두자. 이는 이후 조씨가 얼마나 열심히, 나름의 야망을 실현하며 산 것인지를 간접적으로 짐작해 볼 수 있는 지표가 될 것이다.

조씨 집안이나 시집인 한씨 집안이나 하급 군인이긴 했어도 무신 집권기의 군인이다. 강화도에서 떵떵거렸던 무신정권이 종말을 맞지 않았다면, 그 안에서 탄탄하고 평탄한 출세의 길을 걸었을 것이다. 그러나 불행히도 시대는 격변을 맞이하고 있었다. 열셋의 나이에 출가하여 딸까지 하나 얻은 조씨의 삶은 격변 속에서 다시금 큰 위기에 빠진다.

일본 원정,
시아버지의 사망

먼저 시아버지 한광수가 죽었다. 그는 1281년(충렬왕 7) 2차 일본 원정에 동원됐다. 몽골의 쿠빌라이 칸은 1266년부터 일본에 복속을 요구하는 사신을 보내기 시작했다. 유례가 없는 일이었다. 바다 건너 멀리 떨어진 일본은 중국식 천하질서가 통용되지 않는 곳이었고, 중국 역대 어느 왕조에서도 일본을 복속시키려 한 적이 없었다. 몽골이 일본에 눈독을 들이기 시작했다는 것은 고려 백성들에게 큰 불행이었다. 결국 고려가 전쟁을 위한 전진기지가 될 것이며, 그를 위해 물자와 인력이 차출될 것이기 때문이다.

1274년(충렬왕 즉위년) 1차 원정을 앞두고 이미 연초부터 온 나라가 시끌시끌했다. 전쟁을 위한 배 300척을 추가로 만들기 위해 징집한 공장과 인부만 3만 500명이었다. 인부들을 먹일 양식, 군사들을 먹일 양식, 말먹이와 소먹이 등으로 5만 석 넘는 곡물이 필요했다. 좀 거칠지만 조선의 재정 규모와 비교해 보자. 조선시대 호조에서 1년에 거두어들이는 전세는 8만~9만 석 정도였다. 이것이 국가 재정에서 차지하는 비중을 대충 3분의 1 정도로 잡으니, 저 5만 석은 조선으로 따지면 1년 국가 재정의 6분의 1에 달하는 어마어마한 수치였다.

몇 달 동안 온 나라를 달달 볶은 끝에 초겨울인 10월, 마산 합포에서 여몽 연합군이 출발했다. 전함 900여 척에 몽골군과 한군漢軍이 2만 5,000명, 고려군은 8,000명, 사공과 선원 등 고려인 보조 인력 6,700명, 근 4만 명에 달하는 대규모 부대였다. 이 중 약 40퍼센트가 고려인이었다.

고려·몽골군은 규슈 상륙 후 나름의 전과를 거두었다. 그러나 지휘관이 부상당하고 화살도 부족해지자 철수할 수밖에 없었다. 이때 여몽 연합군의 3분의 1정도인 1만 3,500

기쿠치 요사이菊池容齋, 〈몽고습래도蒙古襲來圖〉(1847).
폭풍우에 침몰하는 여몽 연합군선의 모습이 표현되어 있다.
* 출처: 도쿄국립박물관 소장.

여 명 정도가 돌아오지 못했다. 원정을 시작한 지 한 달만이었다.

1차 원정도 피해가 적지 않았는데, 얼마 지나지 않아 2차 원정이 시작되었다. 1276년 남송을 멸망시켜 중원의 경쟁자가 없어진 원의 쿠빌라이 칸은 다시 일본 침공을 준비했다. 5년 후 단행된 1281년 2차 원정은, 겨울에 출정한 1차 때와는 달리 음력 5월 한여름에 출발했다. 고려군이 1만여 명, 선원이 1만 7,000여 명 정도였으며, 몽골인과 한족으로 구성된 병력이 3만여 명으로, 1차 때보다 훨씬 큰 규모였다. 그러나 2차 원정 역시 실패로 돌아갔다. 일본이 이전보다 만반의 대비를 하고 있었고, 5~6월이라는 여름 기후 탓에 전염병도 돌았다. 결정타는 7월 말, 훗날 일본인이 '가미가제'라고 부르게 되는 운명적인 태풍이었다. 기록된 바에 따르면 고려 배는 견고하여 상대적으로 손실이 적었다고 하나, 조씨의 시아버지는 이러한 행운을 얻지 못하였다. 열일곱 살의 조씨는 이렇게 시아버지를 잃었다.

스물 일곱,
남편마저 잃다

한겨울,

스멀스멀 불안한 기운이 움틀거리는 가운데

젊은 아낙이 어린 딸의 손을 잡고

승평부의 나루에서 강도(강화도)로 향하는 배를 기다린다.

"어머니, 우리 어디 가는 거예요?"

"지금 북쪽에서 외적이 쳐들어와서,

잠시 강도로 가는 거야."

"아버지는 왜 같이 안 가요?"

금방이라도 울어 버릴 것 같은 표정으로 딸이 말했다.

"아버지는 외적이랑 싸우셔야지. 군인이시잖니.

임금님도 강도로 오실 테니, 괜찮을 거야."

젊은 어머니는 바들바들 떠는 어린 딸을 꼭 안아 주었다.

비슷한 처지의 여자와 아이들, 늙은이들이

말없이, 그러나 불안감을 감추지 못한 채,

배를 기다린다.

10년 후인 1291년 여름, 이번엔 남편 한보가 카다안[哈丹]

과의 전투에서 죽었다. 카다안의 침입은 당시를 공부하는 전

공자가 아니면 잘 모른다. 나라 대 나라로 전쟁을 벌이거나

침략을 당한 것이 아니라 싸움터 옆에 있다가 불똥을 맞은

전란이기 때문이다.

1290~1291년 사이, 카다안의 부대는 압록강을 건너 한반

도 동북부 지역으로 넘어와 쌍성, 철령, 양근, 원주, 충주를

거쳐 남쪽으로 충청도 연기까지 내려왔다가 개경, 서경을 훑

고 지나갔다. 연기는 지금의 세종시 일대로, 고려군은 천안

시와 세종시의 경계에 있는 고려산에 진을 쳤다. 카다안군의 기세가 어찌나 거셌는지, 개경으로 환도한 지 20년 만에 왕실이 다시 강화로 피란을 가야 했을 정도였다.

카다안은 칭기즈칸 이래 요동 지역에 터를 잡고 있던 몽골 동방 3왕가의 후손이다. 동방 3왕가는 칭기즈칸이 3명의 동생에게 요동을 담당하도록 한 데서 비롯했는데, 1287년 이 동방 3왕가의 후예인 나얀이 다른 후손인 카다안 등과 함께 쿠빌라이 칸에게 반란을 일으켰다. 칠십 대의 쿠빌라이 칸은 노구를 이끌고 친정에 나서 나얀을 죽이고 이들을 진압하는 데 성공했다. 그런데 카다안의 반군 잔당이 항복하지 않고 고려 경내까지 침입해 들어온 것이다.

이들의 침입 소식에 뒤숭숭하던 1290년(충렬왕 16) 5월, 고려에서는 군인은 물론 5품 이하 문관부터 동원할 수 있는 모든 인력을 동원해 싸움에 임했다. 대위 한보는 이때 군에 들어간 듯하다. 그러나 고려군이 추풍낙엽처럼 패하자 그해 겨울, 개경의 부인과 노약자를 먼저 강화로 들여보냈고, 얼마 안 가 국왕까지 강화로 이어하였다.

강화로 이어하는 것도 쉽지 않았다. 반란군의 침입 소식을 듣자마자 고려 조정에서는 강화로 피란할 것을 염두에 두었지만, 원에서 반대했기 때문이다. 이전 시대 강화도로 수도를 옮긴 것이 몽골과 장기적으로 항전하겠다는 의미였던 만큼, 고려 왕실과 조정이 강화로 들어가려 하자 원에서 의구심을 품은 것이다. 결국 전황이 악화된 후에야 고려 왕실과 조정은 강화로 들어갈 수 있었다.

남편을 전장으로 보내고 어린 딸을 데리고 있었을 조씨 부인은 아마도 이때 강화로 들어간 그 '부녀자와 노약자'였을 것이다. 여섯 살 나이에 어렵사리 빠져나온 강화로 다시 어린 딸과 함께 들어간 길, 그러나 이듬해 여름, 조씨는 남편 한보의 전사 소식을 전해 듣는다. 5월에 있었던 연기현(현 세종시) 전투에서 한보가 전사한 것은 아니었을까. 30여 리에 걸쳐 강가에는 익사체가, 들판에는 전사자의 주검이 뒤엉켜 있었다는 연기현 전투는 고려의 승리로 마무리되었다. 그러나 모든 전투와 전쟁이 그렇듯 아군의 승리가 아군의 목숨을 보장하지는 않는다.

조씨는 이렇게 서른이 안 되어 아버지, 시아버지, 남편 등 의지할 만한 남성 친족을 모두 잃었다. 잃게 된 전투의 상대도 모두 달랐다. 아버지는 삼별초, 시아버지는 일본, 남편은 카다안. 거의 십 년에 한 번꼴로 남성 친족을 잃었다. 조씨의

삶에서 엿볼 수 있듯, 이 시기 고려는 몽골의 침입이 마무리
된 후였음에도 일본 원정을 비롯한 전쟁 동원이 계속됐다. 예
기치 못한 죽음과 상황의 격변이 도사리는, 어려운 시대였다.

과거에 급제한
손녀사위를 맞다

경보(이양직)의 집에 이르렀을 때
마침 출타 준비 중이던 조씨 부인과 마주친다.

"아이고, 그래도 나가기 전에 가정 선생(이곡) 얼굴을
보고 가는구먼. 안 그래도 선생 오신다기에, 내가 찬모에게
급한 대로 술이랑 주전부리 좀 준비해 두라 했네.
즐겁게 노닐다 가시게."

환히 웃으며 떠나는 조씨 부인을 배웅하며,
경보가 귀엣말로 얘기한다.

‘오늘이 처외조 어르신 기일이라,

미타암으로 재 올리러 가시는 걸세.’

한 소쿠리 짐을 머리에 얹은 어린 계집종이 자박자박

조씨 부인을 따라 대문을 나선다.

‘스님들께 공양할 쌀과 버선 보따리겠지.’

가정은 술맛을 떠올리며 몰래 입맛을 다신다.

어린 딸 하나와 함께 과부가 된 조씨는 잠시 언니에게 의
탁했다가 딸을 혼인시키고 딸과 함께 살았다. 조씨가 열셋에
시집을 가서 스물일곱에 남편을 잃은 점을 감안하면, 남편이
죽었을 당시 딸의 나이는 열 살 전후가 아니었을까. 그렇다
고 치면 언니네 집에 머문 것은 4, 5년 정도였을 듯싶다. 그
러나 딸을 결혼시키고도 조씨가 짊어진 책임의 무게는 결코
가시지 않았다. 딸이 1남 1녀를 낳고 일찍 죽었기 때문이다.
조씨는 손자, 손녀의 생계와 삶까지 책임져야 했다.

조씨는 어떤 방법으로 생계를 유지했을까? 이곡은 조씨가
밤낮으로 “여공女工”을 부지런히 해서 생계뿐만 아니라 손님
대접, 혼례와 상장례 같은 의례 비용까지 마련했다고 전한

할머니 조씨는 《고려도경》에 근거하여 몸 전체를 가리는 몽수를 쓰고
말을 타고 있는 모습으로 표현했고, 견마잡이와 계집종은 밀양 박익(1332~1398)
벽화묘를 참고하여 묘사했다. 견마잡이와 계집종의 차림새가
몽골풍이 대세가 된 시기를 반영했다면, 조씨는 12세기 초의 모습을 반영했다.
그들의 실제 모습을 알 수는 없지만, 그들의 삶에는
이처럼 다양한 문화가 교차하고 있지 않았을까?
* 그림: 정인성·천복주.

다. 혼례도 그렇지만, 전근대 시기 상장례는 특히 엄청난 비용이 드는 일이었다. 없는 집에서 부모의 장례를 위해 자식이 몸을 팔려고 나섰다는 등의 설화가 드물지 않은 것은 이런 상황을 잘 보여 준다. 그런데 조씨가 손님 접대는 물론 큰돈이 드는 의례 비용까지 적절히 마련했다 하니, 근근이 입에 풀칠만 하고 산 수준은 아니었던 것 같다. 이는 조씨의 손녀가 전 감찰규정 이양직이라는 사람에게 시집을 갔다는 점에서도 간접적으로 확인할 수 있다.

조씨의 손녀사위 이양직은 〈절부 조씨전〉을 쓴 이곡과 함께 과거에 급제한 이곡의 친구였다. 이양직과의 깊은 인연이 이곡이 이 글을 지은 직접적인 계기였다. 이양직이라는 인물의 벼슬이 전 감찰규정이라고 기록된 것으로 보아 감찰규정이 그가 경험한 최고 관직인 듯하다. 감찰규정은 사헌부의 종6품 관직이다. 관직 자체로는 음서를 얻을 수 있는 벼슬인 5품이 안 되기에 그렇게 높다고 보기는 힘들지만, 아주 하위 관직이라고도 볼 수 없다. 벼슬은 그냥 그랬으나 여하간 이양직은 이곡과 동년 급제한 인물이었다. 이곡의 문집에 그를 위해 써 준 글이 두 편이나 더 있는 것을 보면, 두 사람은 꽤 친했던 것 같다. 이 글을 쓸 때 이곡은 조씨의 옛

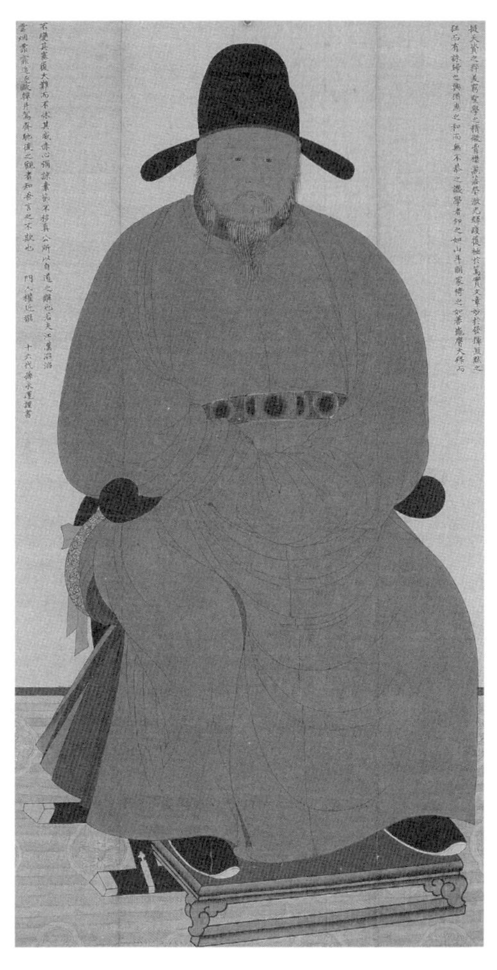

이곡의 아들 이색李穡(1328~1396) 초상.
다른 가문과의 치열한 경쟁 끝에 이색을
사위로 맞은 집안은 당대 명문가인 안동 권씨 집안이었다.
* 출처: 국립중앙박물관 소장.

집에 살고 있었는데, 아마도 이양직과의 인연으로 조씨의 옛집을 얻은 듯하다.

이 시기 과거 급제자를 사위로 맞기 위해서는 상당한 인망과 비슷한 관력을 갖추고 있거나 재력이 있어야 했다. 예를 들어 이곡의 아들 이색은 아버지의 명성도 명성이었지만 본인도 열네 살 나이에 진사시에 합격하는 등 장래가 아주 촉망되었기에, 혼인 전날까지도 그를 사위로 삼으려는 여러 집안이 경쟁했다고 전한다. 조씨의 집안이나 시집이 모두 하급 무인 집안이었다는 점, 더구나 모든 남성 친족이 사망한 상황이었다는 점을 생각해 보면, 가문의 힘보다는 재력이 과거 급제자를 손녀사위로 맞아들이는 데 좀 더 도움이 됐을 가능성이 크다. 이로 볼 때, 조씨의 '바지런함'과 '영민함'은 단순히 생계를 유지하는 정도가 아니라 신분 상승을 이뤄 낼 정도였음을 알 수 있다. 그렇다면 조씨는 어떻게 여성 혼자의 힘으로 재산을 일구고 관리했던 것일까?

여공으로
가산을 일으키다

일단 하급 무인이기는 해도 무신 집권기 뒷물의 무인이라는 점에서 친정과 시집 모두 어느 정도의 재력을 지니고 있었을 것이다. 그리고 그 재력을 조씨가 관리했을 것이다.

고려에서 조선에 이르기까지 토지 소출을 비롯한 가산 관리는 기본적으로 여성이 주로 담당하던 일이었다. 참고 사례로 12세기 전반을 살아간 염경애의 이야기를 보자. 봉성(지금의 파주) 염씨인 염경애는 한남(지금의 수원) 최씨인 최루백을 남편으로 맞이했다. 염씨 가문은 고위관직까지는 아니더라도 대대로 중앙에서 관직을 맡은 집안이었다. 반면 최루백은

《오륜행실도》 중 누백포호(누백이 호랑이를 잡다).
염경애의 남편 최루백이 아버지를 잡아먹은 호랑이를
도끼로 쳐죽이고 아버지 시신을 수습하여 3년 시묘살이를 한 이야기이다.
조선의 《삼강행실도》에도 수록될 정도로 유명한 이야기였다.
* 출처: 서울대 규장각한국학연구원 소장.

수원 지방의 호족 출신으로 최루백 대에 이르러서야 중앙의 관직에 진출한 인물이다. 집안의 격으로 보면 남자 쪽이 조금 처지지만, 여자 쪽에서 최루백의 인물됨을 높이 사서 성사된 혼인인 듯하다. 최루백은 아버지를 죽인 호랑이를 도끼로 쳐죽이고 시신을 수습한 후 3년간 여막살이를 한 효행으로 유명했고 이후 과거에도 급제한 것으로 보이기 때문이다.

이처럼 여러모로 아내와 처가에서 남편을 뒷바라지하는 분위기였을 상황, 염경애는 어느날 남편에게 이런 말을 했다.

당신은 독서하는 분이니, 다른 일에 힘쓰는 것이 중요하지 않습니다. 저는 집안의 의복이나 식량을 주관하는 일을 맡았습니다.
—〈염경애 묘지명〉

집안의 의복이나 식량을 주관하는 일은 요즘으로 치면 생계활동이라 해도 무방하다. 관직생활을 통해 벌어들이는 녹봉은 체면을 유지하는 정도에 불과했을 뿐, 살림을 꾸리기에는 충분하지 않았다. 축적에 한계가 있는 농업 사회의 특성

상 시기에 맞춘 유통과 교환에 유념하지 않으면 당장 먹고 입는 일에 문제가 생길 수밖에 없었다. 전근대 시기에도 성별 분업과 성별 역할이 규정되어 있긴 했지만 근현대 시기의 "남성－생계 노동/여성－가사·육아"의 성별 분업과는 전혀 다른 방식이었다는 점을 유의할 필요가 있다.

그렇다면 조씨는 무슨 일을 했을까? 앞서 살핀 것처럼 이곡은 조씨가 '여공을 부지런히 했다'고 전한다. 이는 아마도 길쌈이나 의복을 짓는 일을 의미할 것이다. 옷감을 짜고 의복을 짓는 일 자체가 집단 노동인 만큼 노비를 동원해서 했을 듯하지만, 본인도 적극적으로 참여했을 가능성이 높다. 중앙 관직을 역임해 온 집안 출신인 염경애도 제사 때 신위에 바칠 용도의 저고리나 바지 한 벌 정도는 스스로 길쌈해서 지었다고 한다. 그만큼 길쌈은 여성의 노동 능력 중 큰 부분을 차지하는 중요한 분야였다.

이 외에 잉여 곡물을 빌려주고 이자를 쳐서 받는 것 역시 여성이 주관하는 경우가 많았다. 농경 사회에서 재산의 축적은 이런 잉여 곡물의 원활한 유통을 통해서만 가능했다. 조씨가 비교적 넉넉한 가세를 유지할 수 있었던 것은 이러한 일들을 바지런히, 또 영민하게 수행해서였을 것이다.

9품의 하급 무인 집안 출신 여성이 서른도 안 된 젊은 나이에 홀몸이 되어 손녀까지 잘 키워 내고 종6품의 과거 급제자 출신 손녀사위를 본 것, 요즘 생각하면 '이게 그리 대단한 일이야?'라고 의문을 가질 수 있다. 하지만 공직 진출이나 취업 승진 같은 사회적 출셋길이 없는 당대 여성에게는 최고의 성취 중 하나라 해도 과언이 아니다. 조씨는 타고난 영민함과 부지런함으로 전란으로 얼룩진 시대를 돌파하며 자식은 물론 손주까지 잘 키워 냈다. 전쟁 생존자의 탁월한 생존기라 할 만하다.

그러나 다시 차분히 생각해 보자. 이곡은 겨우 이양직과의 친분과 인연 때문에 이 이야기를 쓴 것일까? 조씨에게 '절부'라는 표현까지 덧붙인 이유는 무엇일까? 이것이 두 번째 균열 지점이다.

기록자의 욕망이 가린
그녀의 진실

520자=342자+32자+146자.

이곡이 쓴 〈절부 조씨전〉의 한문 글자 수는 520자다. 이 중 조씨의 삶을 다룬 부분이 342자로 약 66퍼센트 정도 된다. 나머지 부분 중 32자는 이곡이 그녀의 손녀사위인 이양직과 어떤 관계인지에 대한 설명이고, 146자는 조씨의 삶을 요약, 평가하면서 이곡이 왜 그녀의 삶을 '절부'라고 기록했는지, 왜 이러한 기록을 남겨야 했는지에 대한 설명이다. 전체 분량의 28퍼센트에 달한다.

글자 수를 세세하게 따지는 이유는 분량의 상대적 비교를 통해 이곡이 자신의 저술 동기를 상당히 자세히 밝히고 싶어 했다는 점을 드러내고 싶어서다. 그는 왜 이렇게 절부 이야기를 필요로 했을까?

내가 일찍이 중국에 가서 보니, 정절을 드러내려고 문려門閭에 정표旌表한 것이 서로 바라볼 만큼 흔하기에 처음에는 왜 이렇게 많은 것인지 괴이하게 생각했다. 그런데 가만 살펴보니, 실제로는 정절이 없으면서도 재산이 많은 집안에서 혹여 정절의 이름을 훔쳐 부역을 교묘히 피할까 봐, 조정에서 매번 감찰기관에 관련 부서들에 (정말 정절이 있는 집안인지) 확인하도록 문책하고 있었으니, 이를 통해 인륜을 후하게 하고 풍속을 돈독히 하려는 조정의 아름다운 뜻을 확인할 수 있었다.

정표란 우리로 치면 열녀문, 충신문 같은 구조물을 세운 것을 말한다. 문려에 정표한다는 것은 요즘으로 따지면 문패 옆에 '독립유공자의 집'이라는 명패를 다는 것과 비슷하다. 이곡은 원나라를 오가는 길에서 수많은 정표를 보면서, 처음엔

‘이게 다 뭔가, 집안에서 그냥 만든 가짜 아닌가’ 하는 의심을 했던 것 같다. 그러나 조정에서도 혹여 허위가 있지는 않은지 관서들을 들들 볶으며 실상을 확인한다는 사실을 알게 되면서, 이런 정표가 거짓으로 마구 만들어지는 것이 아니라 풍속을 순화하기 위한 정부의 시책이라는 점을 이해한다. 고려에서도 역대로 효자, 순손(공손한 자손), 의부(의로운 남편), 절부(절개 있는 아내) 등에게 포상을 하곤 했다. 하지만 새 국왕의 즉위와 같은 특별한 때에만 행해진 터라 원에 가기 전까지는 이곡이 잘 알지 못했던 듯하다.

중국에서 정표가 차지하는 위상을 알게 된 이곡은 ‘절부’와 같은 존재가 갖는 유용성을 깨달았다. 고려에도 이런 절부, 효자가 많다는 사실이 중국 조정까지 알려진다면 어떨까?

만약 조씨의 일이 중국 조정에 알려지게만 된다면, 대서특필하여 기록으로 성대히 전해짐은 물론이요, 주려 州閭에 정표하여 광채를 발하게 할 것이니, 어찌 끝내 이름이 파묻혀 없어지게 하겠는가.

조씨의 일이 중국 조정에 알려지기만 한다면 대서특필될 것이며, 그러면 '주려'에 정표하게 될 것이다! 특히 여기에서 '문려'가 아니라 '주려'라는 점을 주목하자. 중국의 수많은 효자, 충신, 열녀들은 가문의 영광이다. 하지만 조씨 같은 사례는 그 집안만이 아니라 고려라는 지역의 영광까지 될 수 있을 것이다. 그리고 자신은 바로 그런 바른 풍속을 지닌 고려인으로 자부할 수 있게 될 것이다. 이것이 이곡의 욕망이었다. 지금 21세기에도, 본국이 잘 살고 잘 나갈 때 이민자들이 자부심을 가질 수 있고 이민 간 사회에서 위상도 높아지는 법이 아니던가. 14세기 이곡의 욕망은 지금 우리에게도 그리 낯설지는 않다.

이곡에게는 절부 조씨의 삶에 몰입할 개인적 동기도 있었던 것 같다. 바로 자신의 어머니 이씨다. 이곡의 어머니 이씨는 절부 조씨보다 세 살 어렸으니, 같은 세대라 할 만하다. 거기에 이곡의 어머니도 열다섯에 혼인했다가 40대에 남편을 잃고 남은 일생을 수절해 훗날 여든셋의 나이로 사망했다. 일흔일곱 조씨 할머니의 이야기를 들을 때, 이곡은 같은 칠십 대인 자신의 어머니를 떠올리지 않았을까?

이곡은 과거에서 자신을 뽑아 준 이제현(1287~1367)에게 어머니의 묘지명을 받았다. 거기에서 어머니 이씨의 삶은 이렇게 요약된다.

남편이 졸한 뒤 부인은 과부로 40년을 수절하였으며, 명민하고 자애로우면서도 엄하여 두 아들에게 과거 공부에 힘쓰게 하여 입신立身하게 하였다.
─《익재난고》 권7, 비명, 대원제봉요양현군고려삼한국대부인
이씨묘지명大元制封遼陽縣君高麗三韓國大夫人李氏墓誌銘

이곡의 어머니는 3남 1녀를 낳았는데 일찍 죽은 아들 외에 남은 아들 둘이 모두 과거에 급제하였다. 그중에서도 셋째아들인 이곡은 원의 과거에까지 급제했다. 이제현은 이곡의 어머니가 "몸가짐에는 절개가 있었고 아들 훈계에는 법이 있었도다. 선비로도 어려운 것이거늘 어머니로서 이를 해냈도다"라고 찬양하였다.

조씨의 삶이 좀 더 극적이기는 하지만, 그녀가 절부라면 자신의 어머니도 절부이지 않을까? 아버지들도 하기 힘들다는 자식의 급제를 이뤄 냈으니 남자보다 더 대단하지 않은가? 조씨에 대한 찬탄은 곧 자신의 어머니에 대한 찬탄이

자 그 어머니의 자식인 자신의 영광이기도 했다.

이곡의 욕망은 충분히 이해할 수 있다. 그러나 그러한 욕망하에 재구성했다는 점을 생각하면, 그가 기술한 조씨의 일대기가 사실에 충실한지에 대해 의심해 볼 필요가 있다. 이제 앞서 제시했던 균열의 지점을 짚어 볼 때가 되었다.

조씨의
진짜 이야기

이곡은 절부 조씨의 이야기를 다음과 같이 요약하며 마무리
했다.

사씨史氏는 말한다. 부인은 삼종三從의 의義를 지킬 수
있어야 부인으로서의 도를 다하는 것이 된다. 조씨의
경우는 부친과 지아비가 모두 사직을 위한 전쟁에 나가
전사하였고, 아들도 없이 스무 살 남짓에 과부가 된 뒤
로 노년에 이르도록 절개를 지켰는데, 관에서 보살펴
주지도 않고 사람들이 알아주지도 않았으니, 아! 슬픈

일이다. 그러나 오직 천도는 어긋나지 않는 법이니, 조씨가 건강한 몸으로 장수를 누리고 있는 것도 당연한 일이라고 하겠다.

절부 조씨의 삶에서 가장 큰 고난은 아버지, 남편, 시아버지까지 주변의 남성 친족이 모두 전쟁으로 죽고 아들도 없었다는 점이다. 첫머리에 언급한 삼종지도, 즉 어려서는 아버지를, 커서는 남편을, 늙어서는 아들을 따라야 하는 여자의 도리를 따를 수 없는 상황이었다. 그럼에도 과부가 된 스무 살 남짓부터 늙을 때까지 절개를 지켰으니 얼마나 위대한가.

앞에서 살펴본 조씨의 인생을 보면 이러한 요약은 틀리지 않다. 그러나 당시 고려의 일반적인 삶의 양태를 생각해 보면, 조씨의 일대기에는 의심스러운 부분이 여럿 있다. 앞서 살펴본 그 균열의 지점들이다.

우선 조씨의 삶을 설명할 때 생략된 관계가 많다. 앞서 어머니나 외가 얘기가 안 보였다는 점을 지적한 바 있다. 그녀의 삶에서 아버지–아들로 이어지는 부계를 제외한 관계들이 생략된 것이다. 어머니가 일찍 죽었거나 재가했을 가능성이 있긴 하지만, 그렇다 하더라도 외가 얘기가 전혀 등장하지 않는다는 점은 상당히 수상쩍다.

그렇게 한 마디도 외가를 언급하지 않다가 과부가 된 후 몇 년 의탁했다는 언니네 이야기가 갑자기 나온다. 형제 관계도 전혀 안 나오다가 이 부분에서만 잠깐 등장한 것이다. 그래서 조씨에게 언니 이외의 형제가 얼마나 있는지도 알 수 없다. 언니네에 의탁한 것만 보아도 외가나 자매끼리 관계가 돈독했구나 싶지만 관련 이야기가 빠진 것이다. 이런 생략은 아버지가 죽은 후 조씨의 삶이 과연 그렇게 곤궁한 상태였을까 하는 의구심을 자아낸다. 특히 열셋의 나이에 비슷한 격의 가문과 혼사를 맺은 것을 보면, 아버지가 죽은 후에도 조씨에게는 생활수준을 지탱할 만한 기반이 있었던 것으로 추정된다. 전근대 시기에는 집안이 영락하면 자녀의 혼사를 제대로 치르지 못하는 경우가 태반이었기 때문이다.

시어머니가 등장하지 않는 점도 흥미롭다. 조씨의 남편 역시 외가와 더 친밀했을 수 있다는 점을 생각해 본다면, 시어머니의 위치가 중요했을 수 있는데 전혀 언급이 없다. 사위나 사위의 집안 역시 나오지 않는다. 사위와 사위 집안이 있었을 것임에도 조씨가 외손들을 거뒀다는 것은 모계 관계가 끈끈했던 고려 사회의 특징을 보여 주는데, 이런 부분도 별

다른 설명 없이 그냥 넘어간다. 손주에 손자와 손녀가 있으나 손자에 대한 설명은 없고 손녀 및 손녀사위와 함께 사는 것 역시 마찬가지다. 아마도 손자는 '장가'를 보내 같이 살지 못하는 것일 텐데, 이 부분은 생략되어 있다. '장가'는 처가를 뜻한다. '장가든다'라는 우리말 표현에 이미 이러한 처가살이 시대의 흔적이 남아 있다.

이곡은 조씨의 삶을 '삼종지도를 따르는 여성'이라는 틀에 맞추려 했다. 이를 위해 고려 사회를 아버지-아들로 이어지는 부계제 사회인 것처럼 묘사했다. 언니네, 손녀와 손녀사위 얘기 같은, 어머니-딸로 이어지는 모계제적 특징들은 상황 설명을 위해 어쩔 수 없을 때만 불쑥불쑥 등장한다. 언니네는 과부가 된 후 어떻게 살았는지 간단하게라도 부연해야 해서, 손녀사위는 이 글을 짓게 된 동기를 설명해야 해서 어쩔 수 없이 들어갔다. 이곡의 글만 보면 절부 조씨가 주변 남성 친족들을 다 잃으면서 대단한 위기에 빠진 것 같지만, 실상은 외가와 자매 등의 안전판 속에서 살았을 가능성이 농후하다.

어떤 측면에서는 아버지나 시아버지 같은 가부장이 없었던 것이 그녀가 자신의 의사대로 재혼을 하지 않을 수 있는 좋은 조건이기도 했다. 전근대 사회에서 가부장들은 여성의 의사는 신경쓰지 않은 채 억지로 결혼시키거나 심지어 외간 남자와 동침을 시키기도 했고, 억지로 이혼하도록 강요하거나 재혼을 시키곤 했다. 예를 들어 태조 왕건의 후비인 신혜왕후 유씨는 왕건이 정주에 갔을 때 유씨의 아버지가 수청을 들게 해서 왕건과 인연을 맺게 됐다. 또 충숙왕의 후비인 수비 권씨는 원래 다른 집에 시집을 갔으나 그 집안을 마음에 들지 않아 하던 아버지가 왕명에 의지하여 이혼을 시키고 후비로 들어가게 한 것이었다. 가부장인 아버지가 딸의 의사에 반하여, 혹은 상관 없이 딸의 운명을 좌지우지하던 사례는 쉽게 찾을 수 있다.

이곡은 가부장의 부재가 여성이 절개를 지키기 어려운 위기를 가져온 것처럼 서술했지만, 도리어 남편 외 가부장의 부재가 조씨가 절부로 남을 수 있던 호조건이었을 수도 있다는 점은 외면했다. 이곡은 조씨를 절부로 묘사하기 위해 그 삶의 위기를 과장하고 진정한 위기는 드러내지 않은 것이다.

이렇게 이곡의 욕망을 짚어 가다 보면, 절부 조씨의 삶에 대한 감동이 사그라드는 느낌이다. 그러나 이곡의 욕망을 짚은 것이 절부 조씨의 삶이 실제로는 별 게 아니었다고 얘기

하려는 것은 아니다. 기억은 그 자체로도 왜곡되기 쉬운 데다가 전달 과정에서는 더 왜곡되기 쉬운 법이다. 그렇기에 남성이 남긴 여성 기록에 있을 수밖에 없는 불투명한 덮개를 직시할 필요가 있다는 점을 짚은 것뿐이다.

다시 절부 조씨의 이야기를 생각해 보자. 어쨌거나 그녀는 상당한 역경을 헤치며 지난한 삶을 살아 냈다. 그러나 혼란스런 시대에 이 정도의 경험을 지닌 인물이 그렇게 드물진 않았을 것이다. 도대체 이곡은 조씨 이야기의 어떤 점에 이끌려 전기를 쓸 생각까지 한 것일까? 이를 이해하기 위해서는 이곡과 조씨의 삶이 그리는 시간축과 공간축을 이해할 필요가 있다. 그들은 각자 어떠한 시공간을 살았을까?

이곡과 조씨의
시간축

"경릉(충렬왕)께서 공주마마와 혼인하고 처음으로 경성에 들어오셨을 때? 아이고, 당연히 기억하지. 다들 얼마나 흥분했는지. 그거 보러 가자고 나온 사람들이 거리에 가득했다오."

"나도 몽골 옷이랑 머리 모양 제대로 본 건 그때가 처음이었던 것 같애. 우리 관리들도 다 머리 깎고 나왔더라고. 공주마마랑 경릉을 보면서 할매, 할배들이 울면서 얼마나 좋아했는지 몰라. 황실과 혼인을 맺었으니, 이제 드디어 태평한 시대를 보게 될 모양이라고. 그분들 중에는 처음 전쟁 나서 개경

에서 강도로 옮길 때 함께 들어가신 분들도 계셨으니, 감회가
얼마나 남다르셨겠냐고."

　모든 옛날이야기가 듣는 이들을 매료시키는 것은 아니다.
우리 삶을 한번 돌이켜 보자. 어른들의 옛날이야기가 꼭 재
밌던가? 어렸을 때 밥상머리에서 "옛날엔 말이다, 먹을 게
없어서……" 류의 이야기가 나오면 지겹다고 생각했던 적이
없는가? "나 때는 말이야~"로 시작하는 이야기 행위가 '라
떼는'으로 지칭되며 한숨의 대상이 되는 데에는 타인이 공감
할 수 없는 과거 경험담을 동의 없이 풀어 놓는 행위에 대한
거부감이 담겨 있다. 어떤 이야기건 흥미로운 이야기는 이야
기 자체의 매력만큼이나 듣는 사람이 이야기에 매료되는 동
기나 이유가 있어야 한다. 이야기는 말하는 이의 것이기도
하지만 듣는 이의 것이기도 하기 때문이다. 그런 측면에서
잠깐 이곡의 삶을 짚어 보자.
　이곡은 절부 조씨보다 30여 년 정도 늦은 1298년(충렬왕
24) 충청도 한산의 북고촌(지금의 서천군)이라는 곳에서 태어났
다. 집안은 한산군의 향리로 대대로 호장戶長을 세습해 왔으
며, 아버지 대에 무반 동정직을 얻은 정도였다. 동정직이란

실제 관직으로서의 일이 없는 일종의 명예직이다. 어떻게든 중앙에 진출을 하긴 했지만 대체로는 한산군 안에서나 이름이 있는 향리 집안 출신이었던 셈이다. 이곡은 열셋에 아버지를 여읜 후 외가가 있던 경상도 영해에서 자라다가 십대 후반에 도평의사사의 하급 아전으로 중앙 진출을 모색한다. 문관이나 무관 같은 관료가 아니라 관청에 소속되어 잡무를 보는 관직으로 생애 첫 커리어를 시작한 것이다. 이러한 중앙 진출에는 어머니의 영향이 컸던 것으로 보인다. 외가 역시 친가와 비슷한 격의 집안이긴 했지만, 그래도 증조부가 관직을 가진 내력이 있었다.

이곡은 여기에 만족하지 않고 어머니의 독려 속에 과거를 통해 신분 상승을 꾀한다. 1317년(충숙왕 4) 거자과에 합격하여 진사가 되고 1320년(충숙왕 7) 문과까지 급제함으로써 어머니의 기대에 부응했다. 집안에서 처음 나온 과거 급제자이자 이십대 초반에 얻은 성과였다.

고려의 과거에 합격하자 이곡은 더 큰 꿈인 원의 과거에도 도전했다. 이 길은 그리 순탄하지 않았다. 지금 식으로 표현하자면 지역 예선이라 할 수 있는 정동행성 향시는 합격을 했으나 본선인 원에서의 회시에는 번번이 실패했기 때문이다. 실패에 굴하지 않고 십여 년간 도전한 끝에, 드디어 1332년(충숙왕 후1) 정동행성 향시에서 1등으로 합격한 후, 이듬해에는 원의 회시에 합격하고 합격자 순위를 매기는 전시에서도 비교적 좋은 성적을 거두며 원에서 관직을 받기에 이른다. 그간 변변한 관직을 받지 못해 지인들에게 청탁 편지나 쓰던 이곡의 인생은 이로써 대반전을 이룬다. 원에서 과거에 급제한 후, 정9품 예문검열에서 불과 4년 만에 9등급을 건너뛰어 종4품으로 승진한 것이다. 한산군 향리 집안에서 태어나 경상도 영해에서 자란 시골 사람 이곡은 대번에 고려의 개경과 원의 연경을 오가는 중요 인물이 되었다.

시간을 씨줄로, 공간을 날줄로 하는 거대한 그물망이 있다고 상상해 보자. 그 그물망에서 이곡의 삶과 절부 조씨의 삶은 어디에 위치해 있을까?

절부 조씨가 열 살 무렵이던 충렬왕 즉위년(서기로는 1274년이다) 원 공주가 서경을 거쳐 충렬왕과 만나 개경에 들어왔다. 이때 복장과 변발을 두고 논란이 있었다. 충렬왕은 이미 전에 원에 들어갈 때 변발을 한 상황이었으나 신하들은 변발하지 않은 이가 대부분이었기 때문이다. 그 이전에도 인공수라는 이가 충렬왕의 아버지 원종에게 복색을 바꾸자고 한 적이 있었으나, 이 때에는 원종이 "나는 차마 조상 대대로의 법을 갑자기 변화시킬 수 없으니, 나 죽은 후에 마음대로 하라"고 했다(《고려사》 권28, 충렬왕 즉위년 12월 정사). 복장과 머리 모양을 바꾸는 것이 대세기는 했으나, '차마 할 수 없는 마음', 그 한 끗이 살아 있던 시기였다.

몽골 공주와 임금이 함께 들어오는 것을 보는 고려 사람들의 마음은 어떠했을까? 이상한 옷을 입고 이상한 머리 모양을 하고 들어오는 모습에 절망했을까? 당시 기록은 이렇게 전한다.

왕과 공주가 함께 가마를 타고 성에 들어오자 노인들이 서로 축하하며 "백 년 전쟁 끝에 다시 이런 태평한 때를 보게 될 줄은 몰랐다"라고 말했다.
─《고려사》 권28, 충렬왕 즉위년 11월 정축

당시 노인들이면 생애 대부분을 몽골의 침입에 시달리며 살았을 것이다. 조씨 같은 어린이는 강도에서 태어나 자라면서 죽을 뻔한 고비를 넘겨 간신히 개경으로 돌아왔다. 늘 전란의 공포가 감돌던 시대를 산 이들에게 고려 왕과 원 공주

이조년李兆年(1269~1343) 초상.
이곡과 같은 시대를 산 이조년은 몽골식 포인 질손과 변발을 가리는
몽골식 관인 발립을 썼다. 이들은 몽골식 복색이 자연스러운 시대를 살았다.
　　　　　　　　　　　　　　　　　　　* 출처: 한국민족문화대백과사전.

의 혼인, 몽골식 복장을 갖추고 도열한 관료들은 전란의 종식이자 평화의 시작을 의미했다.

반면 이곡이 태어난 1298년(충렬왕 24)은 고려와 원의 관계가 안정기에 접어든 때였다. 왕위 계승을 둘러싼 잡음은 있었지만, 적어도 전란은 없던 시대, 조씨가 겪은 마지막 전쟁인 카다안의 침입도 이곡이 태어나기 8년 전의 일이었다. 그가 태어나기 2년 전에 세자 충선왕 역시 충렬왕과 마찬가지로 몽골 공주와 결혼했을 정도로, 이곡에겐 고려의 왕이 원 황제의 사위인 것도 너무나 당연했으며, 고려인이 변발을 하고 호복을 입는 것도 너무 자연스러운 일이었다. 둘은 서로 너무 다른 시대를 살았다.

이곡과 조씨의
공간축

"그 집안? 사실 그 애비부터 아주 막돼먹은 집안이라오. 그 애비는 강도江都(강화도) 저잣거리에서 처형을 당했다니까. 아들놈도 사실 도적놈이나 다름없는데, 사냥개를 잘 키워서 선대왕先大王께 총애를 받았지. 선대왕께서 참 많은 일을 하셨지만, 이상하게 그런 놈들을 곁에 두시더라고."

조씨가 약과를 건네며, 얘기했다.

이곡은 조씨의 삶을 요약하며 다음과 같은 이야기를 덧붙였다.

지금 나이가 이미 77세나 되었는데도 아직 탈 없이 건강을 유지하고 있으며, 여기에 또 총명하고 지혜로워서 적에게 사로잡혀 있을 때 이야기라든가 근래 정치의 잘잘못이라든가 명문가의 내력 등을 이야기할 때면 하나도 빠뜨리는 것이 없다.

조씨는 여섯 살의 나이에 삼별초의 난을 겪으면서도 아버지의 원래 관직, 새롭게 제안받은 특별 관직까지 정확히 기억할 정도로 똘똘했다. 이곡이 언급한 '적에게 사로잡혀 있을 때 이야기'는 바로 삼별초에 붙잡혀 있던 때를 의미한다. 그러니까 이 조씨 할머니는 손녀사위와 그 친구를 붙잡고 옛날이야기를 매우 잘 전달해 주는 똑똑한 할머니였던 것이다. 시골 출신 이곡 같은 이는 결코 알 수 없는 중앙—강도와 개경—의 옛이야기 말이다.

절부 조씨가 강도에서 태어나 개경에서 계속 산 것에 비해, 이곡은 한산에서 태어나 영해에서 자랐다. 평생 중앙에서 산 사람이 조씨라면, 이곡은 십대 후반이 되어서야 개경으로 올라와 하급 아전 생활을 하며 과거를 준비했다. 이곡은 1310년대 이후의 개경과 개경의 사람들에 대해서만 알 수 있었다. 어머니가 개경에서 잠시 살았을 가능성이 있긴 하다. 그러나 1280년대 열다섯의 나이로 혼인한 후엔 주로 지방에서 살았을 것이기에 당대의 요란한 사건들을 자세히 알기는 어려웠을 것이다. 쉽게 말해, 조씨가 변발을 한 충렬왕과 제국대장공주가 함께 개경 성으로 들어오는 장면을 본 그 개경의 수많은 인파 속에 있었다면, 이곡과 그의 어머니는 뒤늦게서야 시골에서 어렴풋이 그런 소식을 들었을 것이라는 말이다. 이처럼 개경에 대한 견문이 부족한 이곡에게, 삼별초의 난, 1·2차 일본 원정, 카다안의 침입 등 얼핏얼핏 듣던 굵직굵직한 전란에 개인사가 모두 얽힌 할머니의 이야기라니, 얼마나 신기했겠는가?

여기에 이곡이 절부 조씨의 이야기에서 흥미를 느낀 또 하나의 포인트를 짚어 볼 필요가 있다. "근래 정치의 잘잘못과 명문가의 내력"이라는 부분이다. 전근대 여성에 대한 우리의 통상적인 인상은 당대 정치에서 소외됐다는 것이다. 물론 특정 직책을 가지고 정치에 직접 참여하고 활동하지 않았다는 의미에서 보면 소외됐다는 말이 틀린 것은 아니다. 그러나 그들 역시 여론을 구성하고, 그러한 여론을 주변에 전달하고, 기억했다가 후대에 전했다는 점을 소홀하게 여겨서는 안 된다.

1275년(충렬왕 1) 박유朴楡라는 이가 신하들이 첩을 두는 것을 허락하자는 상소를 한 적이 있었다. 고려는 남자가 적고 여자가 많으나 관직이 높건 낮건 아내를 한 명밖에 두지 못하니 아들이 없어도 감히 첩을 두지 못하는 형편인데, 다른 나라, 즉 몽골은 아내를 얻는 데 제한이 없어 인물이 모두 북쪽으로 흘러 나갈까 두렵다는 이유였다.

요즘 감각에서 이런 상소를 보면 뭔 개 풀 뜯어 먹는 소린가 싶긴 하지만, 시대의 특수성을 고려할 필요가 있다. 절부 조씨의 삶을 훑어 보면 알 수 있듯 이 무렵은 잦은 전란으로 남성들이 차출되고 사망하는 일이 많아서 남녀 성비가 상당히 불균형적일 수밖에 없었다. 거기에 몽골에서 고려 여성들을 공출해 가기까지 하니 인구 유출 문제를 걱정하는 논의가 나올 법했다. 방법론이 괴상했을 뿐인데, 저출생을 걱정하는 지금도 괴상한 방안들이 나오는 것을 보면 인구·출생 문제가 불거질 경우 인간들의 상상력이라는 게 이렇듯 괴랄해지는 것인가 싶긴 하다.

당대 여성들도 이런 박유의 상소에 가만있지 않았다. 연등회 날 박유가 어가를 호종하며 지나가는데, 어떤 노파가 손가락질을 하며 "여러 명의 처를 두자고 청한 놈이 저 빌어먹을 새끼다!"라고 하자, 주변 사람들도 모두 성토하기 시작해 저잣거리가 손가락질로 그득했다고 한다. 이 표현에는 조금의 과장도 들어가지 않았다. 정말로 사료에 "빌어먹을 새끼[乞兒]"라고 나와 있다. 당시의 험악한 분위기가 어느 정도였는지 짐작할 만하다. 저잣거리 여론만이 문제가 아니었다. 이때 기록을 보면 "당시 재상 가운데 아내를 무서워하는 자가 있어" 결국 이 방안은 중단되었다고 전한다(《고려사》 권 106, 열전19 박유).

여기에서 흥미로운 점은 이러한 이야기들이 모두 '전언'의 형식이라는 점이다. "재상 가운데 아내를 무서워하는 자가 있어" 중단됐다는 것은 전형적인 뒷얘기, 가십이다. 어떤 노파의 욕설과 이에 따르는 저잣거리의 분위기 역시 그 자리에 있던 사람이 전하는 이야기다. 이런 구술 기억을 전한 것이 과연 누구였을까. 이 이야기는 특히 여성들 사이에 있었던 불만과 두려움, 분노 등을 다루고 있기에 여성들 사이에서 돌았던 것임에 틀림없다.

1274년이면 조씨가 혼인하기 3년 전쯤이다. 첩을 허용하자는 논의의 당사자가 되는 연령이기에 조씨 역시 분명 저

박유의 상소에 큰 관심이 있었을 것이다. 어쩌면 저 저잣거리에서 박유를 향해 손가락질을 하던 사람 중에 조씨가 있었을지도 모른다. 절부 조씨에 대해 이곡이 말한 내용 중 "근래 정치의 잘잘못을 논했다"는 것은 바로 이런 기억과 전언들이 아니었을까?

이 무렵 새롭게 성장해서 중앙에 진출한 집안들이 많았다는 점에도 유의할 필요가 있다. 3년 동안 방문을 닫고 몽골어를 익힌 끝에 훌륭한 역관이 된 데다 충선왕의 장인까지 된 조인규 같은 인물이 대표적이다. 절부 조씨가 읊어 준 '명문가의 내력'에 이런 이들의 이야기가 포함되어 있던 것은 아니었을까? 원래 소수의 명문가만이 탄탄하게 자신들만의 리그를 구축하고 있을 때에는 다른 사람들이 그들의 내력을 굳이 기억할 필요가 없다. 별 볼 일 없었는데 시운이 맞아 뜬 집안, 대단한 집안이었는데 시운을 잘못 만나 망한 집안처럼, 사회 변동이 심한 시대가 되면 그런 내력을 열심히 기억하는 사람들이 있게 마련이다. 특히 절부 조씨처럼 어린 나이부터 아버지의 관직을 꼼꼼히 기억하는 영민한 이들이라면 더욱.

기록자를 매료시킨
여성의 기억

《고려사》에는 규방에서나 알 법한 일이 어떻게 알려졌나 싶은 기록들이 꽤 있다. 앞에서 말한 "재상 중에 마누라를 무서워하여" 같은 것이 대표적이다. 또한 충렬왕과 공주가 함께 들어오는 것을 보며 기뻐한 노인들의 이야기처럼 어떻게 이런 이야기들이 알려지고 실렸을까 궁금해지는 것들이 꽤 있다. 여기에서는 바로 이런 기록들이 절부 조씨 같은 전쟁 생존자, 특히 성비 때문에 많을 수밖에 없었던 여성들이 남긴 이야기일 것이라 추정한다.

절부 조씨의 이야기는 이곡과 같은 당대 유명인을 매료시

컸다. 1298년 시골에서 태어난 이곡으로서는 결코 알 수 없는 정보이기 때문이다. 이곡을 매료시킨 이런 이야기들이 이곡과 같은 이들을 경유해《고려사》에까지 실리지 않았을까. 이동과 통신이 제한적인 시대일수록 기록자를 경유한 구전 지식의 전달 가능성을 고민해 봐야 한다. 그런 점에서 전근대 여성 대부분이 직접 기록을 남기지 못했다고 하여, 그들의 목소리 찾기를 섣부르게 포기해서는 안 된다.

그녀들은 기억되기를 원했다. 염경애는 남편의 일은 독서하는 것이고 자신은 집안의 옷과 식량을 주관하는 것을 직임으로 삼는다는 이야기에 이어 다음과 같이 이야기했다.

(이렇게 옷과 식량을) 열심히 구하려고 해도 뜻대로 안되는 경우가 때때로 있습니다. 혹시 불행히도 훗날 내 비천한 운명이 다하고, 당신이 후한 녹봉을 누리며 뜻을 이룬다 하더라도 나를 재주가 없는 자로 여기지 말고, 그 가난을 막았던 것을 잊지 말아 주세요.
―〈염경애 묘지명〉

훗날 최루백은 벼슬이 꽤 올라 녹봉도 두둑하게 받게 되었으나 집안의 옷과 음식이 아내가 맡아 하던 시절보다 못하다고 탄식하며 아내의 위와 같은 말을 떠올렸다. 그녀가 세상을 떠날 때 남편과 아이들에게 당부한 말들 역시 '모두 이치에 맞아 들을 만한 것'으로 기억되었다.

그들은 기억하고 말했다. 그 말이 모두 휘발되지 않았다.

어머니, 할머니, 이웃의 아주머니가 들려주던 이야기를 기억하며 그 힘을 가늠해 본다. 우리에게 필요한 것은 다른 이들의 렌즈를 통과해 만들어진 기록을 헤집고 들어가 그녀들의 기억을 찾아내 구성해 내려는 의지와 방법론이다.

여성의 목소리를 찾는 작업은 역사상에 대한 새로운 질문으로 이어진다. 이곡같이 가까운 과거의 중앙 정치 정보를 알지 못하던 이들이 어떠한 경로로 그러한 정보를 축적했을지, 그것에 특정한 편향은 없을지 등. 특히 지방인들이 중앙으로 진출하는 경우들이 많은 시대일수록 이런 질문은 의미가 있다. 이는 사료에 대한 새로운 관점으로 이어질 수 있을 것이다.

〈절부 조씨전〉

〈절부 조씨전〉은 이곡의 문집인 《가정집》(권1, 잡저)에 수록되어 있으며, 한국고전번역원 데이타베이스에서 원문과 번역문을 볼 수 있다. 이 글은 고려 말 많이 지어진 인물전의 효시에 해당한다. 전란을 겪은 인물의 전기라는 점에서 이곡보다 아랫세대인 정도전·조준·권근 등이 남긴 인물전과 통하는 부분이 있으나, 자세히 들여다보면 양자는 성격을 약간 달리한다. 정도전·조준·권근 등은 1340~1350년대 태어났으며, 홍건적의 침입과 극심한 왜구 피해 현장을 목도하였다. 이들이 남긴 전기의 주인공들은 대부분 왜구 등으로 인해 사망한 피해자로서, 집필자들이 적극적으로 발굴한 이야기들이었다. 이들 인물전은 희생자를 위무하고 지역 사회를 안정시키고자 하는 공적 목적과 문제의식이 바탕에 깔려 있었다.

이에 비해, 절부 조씨의 이야기는 이곡이 친구의 처외조모라는 개인적 인연을 근거로 집필한 것으로, 전란의 희생자를 위무하거나 사회 안정을 위한 공적 목적과는 그다지 관련이 없었다. 그가 희생자와 과거의 피해에 초점을 맞추었다면, 전란에 휩쓸린 희생자들의 참혹한 이야기를 좀 더 발굴했어야 하지 않을까. 그런 점에서 절부 조씨의 진짜 이야기를 읽어 내는 것은 이곡의 욕망을 읽어 내는 일이기도 하다. 여성의 목소리를 듣는다는 것은 단지 여성의 이야기를 복원하는 데 그치지 않는다.

참고문헌

- 장지연, 〈고려 말 전쟁의 참화와 기록 의식의 대두〉, 《한국사상사학》 78, 2024.

여자,
기억되다

윤민경

여자,
기억되다

그대의 비문은 나의 정다운 시라.
그것은 아직 창조되지 않은 눈들이 읽고,
이 세상에 태어날 혀들이 그대의 이야기를 하리라,
지금 숨을 쉬고 있는 사람들이 죽었을 때에.
그대는 언제나 살리라—내 붓은 그런 힘 있나니—
숨결이 약동하는 곳, 사람의 입속에서.
—윌리엄 셰익스피어, 〈소네트 81〉

필연적으로 유한한 생을 사는 인간에게, 존재가 소멸한 뒤에도 기억되고자 하는 마음은 보편적 욕망일 것이다. 이 보편적 욕망이 조선시대 기생에게는 어떻게 발현되었을까?

오랜 기억은 대개 기록을 통해 이어진다. 조선에서 기생은 천민 신분이었다. 그녀들은 조선의 뭇 천민과 마찬가지로 스스로를 기록하지 못하는 경우가 대부분이었으므로 극소수의 기생만이 양반 남성에 의해 기록으로 남아 기억되었다.

양반 남성은 기생을 어떻게 형상화했는가? 양반 남성이 기생을 기록한 의도는 무엇이며, 그러한 의도는 그녀들을 어떻게 굴절시켰는가? 양반의 기록을 통해 기생을 기억하는 일은 기생을 타자화한 시선의 일방성이 문제로 남는다.

그런데 과연 그것뿐일까? 기생을 다룬 기록에 그녀들의 의도가 개입될 여지는 없었을까?

앞서 고려시대 절부 조씨의 이야기를 통해 남성 지식인의 글에 내재된 여성의 기억을 살펴보았다면, 여기서는 여성과 기억의 문제를 다루기 위해 기생 가련을 소개하고자 한다.

17~18세기 조선을 살았던 함흥 기생 가련은 남다른 정치의
식을 지닌 여성이었고, 적극적으로 '사랑'에 임했던 인물이
었다. 그러나 무엇보다도 그녀가 갈망했던 것은 "기억되는
일"이었다.

이제 가련의 이야기를 통해 기억되기를 열망한 천민 여성이
어떻게 양반 남성의 글을 도구 삼아 자신을 세상에 기억시켰
는지 살펴보자.

#함경도 #기생 #89세 #가련

1759년(영조 35)의 어느 추운 겨울밤, 함경도 함흥부의 작은 초가집 정주간에 쓸쓸한 촛불이 일렁인다.

아궁이가 방 안에 있어 매서운 북풍에도 온기가 있는 정주간. 그 한구석에 누운 작고 늙은 여인. 언제라도 꺼질 듯한 촛불이 여인의 마지막을 고요하고도 위태롭게 비추고 있다.

임종을 앞둔 여인은 올해 89세의 기생 가련可憐(1671~1759). 이팔청춘 시절부터 현역에서 은퇴한 후 이렇게 다 늙은 노파가 될 때까지도, 그녀는 평생을 기생으로 살았다.

그리고 가련의 마지막을 지키는 또 다른 늙은 여인. 그녀처럼 기생의 길을 걸어온 가련의 오촌조카 소정素情이다.

함경도의 기나긴 겨울밤에 가로놓인 가련과 소정.

한때는 한양까지 이름을 날렸던 명기 가련이지만 다사다난했던 인생의 끝, 그녀 곁을 지키는 건 조카 소정과 그녀만큼이나 오래된 세간살이들뿐이다.

"소정아, 내가 죽거든 〈출사표〉를 함께 묻어다오.

한평생 함흥의 낙민루에서 〈출사표〉를 노래해 왔거늘 이제는 하룻밤 꿈만 같구나.

그리고 내가 죽더라도,

부디 내 시첩詩帖만은 잘 간직해다오."

한때 가련이 부르는 제갈량의 〈출사표〉를 들으러 전국의 선비들이 함흥으로 모여들었다. 그들로부터 받은 한시를 모아서 만든 시첩은 가련에게 평생의 보물이었다. 가련에게 〈출사표〉와 시첩은 존재 증명 그 자체였다.

가련의 마지막 부탁에 소정은 그저 고개를 끄덕이며 손을 쓰다듬었다. 가련과 소정의 마지막 겨울밤이 새벽빛에 잦아들었듯, 길고도 짧았던 가련의 생애도 이내 사위었다.

가련은 누구인가

가련은 1671년(현종 12) 참봉 박진소朴晉素와 첩 유씨 사이에서 태어났다. 아버지 박진소는 함흥에서 무과에 급제한 인물로 숙종에게 함경도 인재를 널리 수용해 달라고 상소를 올릴 정도의 지식인이었으나, 어머니 유씨는 아마도 기생이었다가 박진소의 첩으로 들어갔던 듯하다. 가련의 사촌오빠 역시 함흥부의 관노였으며, 가련도 함흥부 기생 명단에 이름을 올린 기생으로 자字는 최애最愛였다.

기생 가련의 출신과 이력은 천민 신분으로 관청에 소속되어 연희를 담당했던 여느 관기官妓들과 별반 다르지 않아 보인다. 하지만 그녀의 생애는 상당히 흥미롭고 문제적이다.

가련은 90여 년에 달했던 생애의 국면마다 여러 가지 얼굴을 보여 주기 때문이다. 가련은 사랑에 괴로워하는 여인이었다가, 양반보다 더 맹렬하게 정치평론을 일삼는 논객이었다가, 국왕 영조와 원자(사도세자)의 건강을 비는 백성이었다가, 듣는 이를 절로 눈물짓게 만드는 명가수였다가, 고금의 역사와 세상의 도리를 말하고 지키려는 의리녀였다가, '촌스러운' 함흥 사람들에게는 오만하기 짝이 없어도 한양의 '뜻맞는' 양반들에게는 한없이 다정한 얼굴로 분하던 이였다. 이토록 복잡한 기생이 또 있을까.

다만 가련의 생애는 전통시대 대부분의 여성이 그렇듯 그녀 자신의 손으로 기록된 것이 아니다. 가련은 한양의 양반들에게 편지를 쓸 정도로 한글에 능숙했고 한시를 띄엄띄엄 이해할 정도로 한문도 조금은 알았지만, 아쉽게도 그녀가 남긴 기록은 없다. 가련의 행적은 그녀를 직접 만났거나 그녀의 이야기를 전해 들은 조선 후기 남성 문인들에 의해 글로 남았다. 이 중 가련의 생애를 전하는 가장 자세한 글은 한문학자 이희목이 세상에 소개한 이건창李建昌(1852~1898)의 〈가련전〉이다. 이제 〈가련전〉을 길잡이 삼아 그녀의 생애를 따라가 보자.

之真心終亦莫之遏耶異夫飢以心而成其形又以形而護其
心心與形循環於終始而本末枝幹皆由一氣之相尋是不惟
異於衆卉之類而已亦有異乎愚人之慈慈林林者也故其長
大特別班乎羣木名流達士寄情寓目益不但右丞之娛丹青
懷素之供毫墨而已雖然嘗聞之鄭圃之談以夢喻蕉毗城之
辯以幻譬蕉堂以蕉之無華而不實不足為非夢非幻之物有
歟抑舊獨夢幻而天下之草木人物皆其真實者乎以區區心
形內外長短大小之說而強為之卞別者其又焉乃夢中之夢
幻中之幻而重以見笑于禪寇與摩詰也歟

可憐傳

可憐者咸興府妓也年十四五時為監司客睡生所眄歲餘生
歸憐願從生自以年少汲汲求科舉應以納妓故姑名行不肯
摯憐悵然久之每日晝若奈何為睡生閉寡營府多貴公子何
必睡生憐不得已稍稍復自弛笑當是時　肅宗屢以黨論進
退士大夫之所謂西人南人者因人復裂為老論少論少論頗
持平容南人而老論專欲殺南人以逞其憾南人窺其挾官掣
復進反殺老論大臣而德少論欲與共事少論懷之引義屏不
仕南人遂專國政睦為南人大族相國某方用事生為其踈黨
然生素自喜好為黨論居京師日夜撼擎駸屑喋醫摩關及至
咸興遇鄉無可與語此者乃與憐日夜講說西人之非南人之

이건창의 〈가련전可憐傳〉《명미당휘초 4》.
* 출처: 국사편찬위원회 소장.

〈가련전〉은 10대 중반 가련의 첫사랑으로 시작한다. 주인 공은 목씨 성을 지닌 서생 목생睦生으로, 목생은 함경도 관찰사를 따라 함흥에 온 한양의 남인 명문가 청년이었다. 한양에서 온 도련님과 함흥의 미녀 기생은 마치 이 도령과 성춘향처럼 이내 사랑에 빠졌다. 목생은 정치 논쟁을 좋아하던 젊은 피였다. 당시는 조선시대 숙종 연간으로 서인과 남인이 대립하던 시절이었는데, 목생은 함흥에서 정치 이야기를 나눌 만한 상대가 없자 틈만 나면 애인인 가련을 붙잡고 열성을 다해 남인이 왜 옳고 서인이 왜 그른지를 강변하였다고 한다. 〈가련전〉의 구절을 빌리면, "수십 년 동안 조정에서 벌어진 싸움, 사헌부와 사간원의 송사, 벼슬 높은 집안과 재야의 선비가 논쟁하며 겨루던 일이 하루아침에 가련의 화장대와 이부자리 사이에 있게 되었다." 가련 역시 목생의 열변을 기꺼이 경청하면서 정치적 소양을 길러 갔다.

함흥에서 성장하여 한양 땅은 밟아 본 적도 없던 소녀 가련에게 목생이 전하는 한양 조정의 소식은 어떻게 다가왔을까? 이때의 가련을 상상하니 개인적으로 떠오르는 기억이 있다. 바야흐로 1990년대 후반이었던 제15대 대선 무렵, 열살이던 필자의 일기장엔 정치 이야기가 가득했다. 김영삼,

김대중, 김종필, 이회창 등이 수시로 등장하고, 신한국당과 국민회의 중 어디가 나은지를 아주 당당하게 적어 놓았다. 어떻게? 부모의 정치 성향이 자식에게 끼치는 영향이 크다고들 하는데, 필자가 바로 그 증거이다. 부모님이 일상적으로 나누었던 정치 관련 이야기들을 어릴 적부터 주워들으면서 자랐기 때문이다. 지금 보면 정말이지 낯뜨거운 어린 시절의 기억이지만 굳이 끄집어 낸 이유는 그때의 감각을 기억해서이다. 비록 나이는 어리지만 나도 무언가 중요한 고차원적 세계를 어렴풋이 알게 되었다는 고양감. 그리고 그것이 내 또래 세계에서는 몹시 드문 것이라는 우월감. 가련 역시 그러했으리라. 열네다섯 살의 함흥 소녀가 애인을 통해 접한 한양의 정계 소식이, 그리고 그것을 이해할 수 있게 되었다는 사실이 얼마나 그녀를 스스로 귀하게 만들었을지.

이후 목생이 과거 공부를 하러 한양으로 돌아가게 되면서 일 년여에 걸친 가련의 첫사랑은 끝을 맺는다. 국가에 예속된 기생 신분이라 이러한 이별이 앞으로 비일비재해질 것이었으나, 그럼에도 첫이별을 경험한 가련에게는 감당하기 어려운 상실로 다가왔으리라. 깊은 실의에 빠져 있던 가련을 위로한 건 한때 기생 일을 하며 같은 상황을 수없이 겪었던 어머니였다.

아이고 가련아,
너는 뭐하러 목생을 위해 수절하며
과부가 되려고 하느냐.
여기 함흥에도 귀공자는 많단다.
—이건창, 〈가련전〉

상대의 대체 불가능성에 번민하는 이별자에게 세상에 개 말고도 연애 상대 많다는 말만큼 무의미한 말은 없지만, 어머니의 쿨한 위로와 조언은 결국 맞는 말이 되었다. 목생으로 인해 한껏 눈이 높아진 가련이 이후 함흥 남자들을 성에 차 하지 않았다는 것 말고는.

어떤 사랑이든 사랑이 끝나고 나면 나름의 유산이 남는다. 첫사랑이 가련에게 남긴 유산은 구체적인 남자 취향과 더불어 다름 아닌 남인 입장에서 구성된 정치 지식이었다. 이 사랑의 유산은 그녀 삶에 큰 자산이 되어 주었다. 가련이 당론을 잘한다는 이야기가 널리 퍼져 함흥에 오는 남인 관료마다 그녀를 호출했기 때문이다. 가련은 남인 관료들을 만나는 자리에서 노론을 비판하며 승승장구했다.

노론은 수단과 방법을 가리지 않고
자기네들이 하고 싶은 대로 권세를 부리지요.
명분이 겉으로만 그럴듯하지
우리 주상 전하며 나라의 앞날은 안중에도 없습니다.
전하를 진심으로 생각하는 쪽은 역시 남인이지요.

함흥에 온 남인들은 가련이 노론을 욕하면 술잔을 부딪치며 통쾌해했고, 남인의 어짊을 칭찬하면 가련의 손을 어루만지며 칭찬하였다. 이건창에 따르면 남인들은 가련과 당론을 하느라 정작 가련이 가장 잘 부르는 〈출사표〉 한 곡조도 들을 틈이 없었다고 한다. 이에 가련은 자연스레 감사와 부사의 총애를 독차지했으며, 이름이 한양에까지 알려지게 되었다.

함흥에 오는 남인 관료들의 전폭적인 총애를 받던 가련은 목생을 잊고 새로운 사랑을 키워 가기도 했다. 그녀의 회고를 전하는 기록에 따르면 이 시기 가련은 한양에서 함흥에 부임해 온 고관 가운데 성준成儁(1653~1728), 권흠權歆(1644~1695)을 사랑하게 되었다 한다. 특히 오늘날로 치면 도지사에 해당하는 함경 감사 권흠이 죽자 몇 년 동안 권흠을 기리며 수절하다가, 기생의 수절을 가벼이 여긴 포악한 자에게 겁탈 당하는 불행을 겪기도 했다. 가련의 애인이었던 성준과 권흠 모두 남인이었음은 물론이다.

가련이 조선의 정치판에 대해 알게 되고, 함흥을 방문하는 사대부들과 이야기를 나누며 이름을 날리던 10대 중반~20 대 초반 시절은 조선 왕조 숙종 연간이었다. 그중에서도 희 빈 장씨禧嬪張氏(1659~1701)와 인현왕후仁顯王后(1667~1701) 문 제를 둘러싸고 남인과 서인(노론)이 첨예하게 대립하며 정국 이 요동치던 시기였다. 가련은 정계와는 거리가 멀어도 한참 은 먼 함흥의 미천한 기생이었지만, 그녀가 당론에 참여하게 된 후부터 한양 정계의 변화는 그녀의 삶에 어떻게든 영향을 주지 않을 수 없었다. 실제로 가련이 24세이던 1694년(숙종 20)에 이른바 '갑술환국甲戌換局'이라 불리는 사건, 즉 남인이 정권을 잃고 인현왕후가 복위하며 노론, 소론이 정계에 전격 복귀하게 되면서 가련의 삶에도 큰 변화가 생긴다.

갑술환국 이후 노론이 정권을 잡자 함흥에 부임해 오는 지 방관들도 노론으로 채워지게 되었다. 〈가련전〉에 따르면 한양 의 노론 재상들이 함흥으로 가는 지방관들에게 가련을 죽일 것을 명령했다고 한다. 이 소식을 접한 가련은 정체를 숨기고자 남장을 하고 한반도 가장 북쪽의 육진六鎭 땅으로 도망쳤다. 가련은 육진에 머물다가 노론의 등등한 기세가 한풀 사그라진 뒤에야 다시 함흥으로 돌아올 수 있었다. 소설 같은 이야기로 과장이 없지 않겠지만, 남인의 정체성을 고수하는 가련의 태도가 이제는 어디서도 환영받지 못하게 되었음을 짐작할 수 있다.

완전히 뒤바뀐 세상에서 남인들마저 전처럼 선뜻 가련의 행동을 추키지는 못하였다. 가련은 육진으로 피신해서도 귀양 온 남인이 있으면 반드시 찾아가서 정치를 논하곤 하였는데, 그럴 때마다 남인 양반들은 화를 입을까 두려워하며 오히려 그녀를 만류할 정도였다. 그럼에도 불구하고 가련은 세상과 타협하지 않은 채 이렇게 다짐하였다고 한다.

차라리 남인의 종이 될지언정
노론의 첩이 되진 않겠다.
—이건창, 〈가련전〉

〈가련전〉은 가련에 대한 평가를 소개하며 끝이 난다. 비천하지만 어떤 상황에서도 남인으로서의 신념을 포기하지 않았던 의협심 있는 기생, 그것이 가련의 생에 내려진 총평이었다.

이건창의 〈가련전〉에서 형상화된 가련의 모습은 기생임에도 여느 사대부 못지않은 소양을 지닌 '정치 논객', '남인의 총아'로 보이기에 손색이 없다. 그런데 눈여겨볼 지점은 여러 명사가 가련에 대한 기록을 남겼음에도 이건창처럼 가련을 묘사한 경우는 드물다는 사실이다. 대체로 가련은 명절名節 있는 여협女俠이자 노래에 뛰어난 명기名妓로 묘사되었다. 그러므로 이건창은 기생 가련의 여러 면모 중 남인에 호응하여 당론에 골몰했던 젊은 날만 주목한 셈이다.

왜 이런 선택을 하였을까? 사실 이건창의 관심은 가련 자체에 있지 않았다. 가련이라는 인물을 천한 기생마저 네 편 내 편 갈라야 했던 당쟁의 심각성을 보여 주는 하나의 삽화로 삼은 것이다. 〈가련전〉의 장면 장면이 한 편의 블랙코미디처럼 읽히는 것도 그 때문이다. 〈가련전〉에서 남인은 기생과 마주 앉아 당론을 즐기는 이들로, 노론은 제멋대로 권력을 부리면서 자기네를 비판했다는 이유로 기생마저 잡아 죽이려 한 이들로 그려진다.

이쯤 되면 예상했겠지만 이건창의 당색은 남인도, 노론도 아닌 소론이다. 그의 집안은 명문가였으나 18세기 영조 연간

조상들이 역모로 처벌받으면서 타격을 입었다. 그래도 이건창의 직계 선조가 역모에 연루된 것은 아니어서 벼슬길이 막히지는 않았지만, 선대의 '주홍글씨'는 후손들에게 큰 부담이었다. 조선 당쟁에 대한 이건창의 시각이 유달리 비판적인 것도 이러한 가정사의 영향이 없지 않다. 요컨대 〈가련전〉을 독해할 때에는 정치적으로 패배한 소론의 일원으로서 이건창이 보는 당쟁에 대한 과장과 비판, 남인·노론에 대한 부정적 시선과 소론에 대한 에두른 옹호가 기저에 놓여 있음을 고려해야 한다. 그 결과 역설적으로 가련은 〈가련전〉의 주연이되 조연이 될 수밖에 없었다.

가련의 젊은 날이 남인적인 정체성을 기반으로 한 정치적 신념으로 채워졌던 것은 사실이다. 그 신념에 진정성이 있었는지, 아니면 신분 상승을 위한 전략적 도구였는지, 혹은 둘 다 복잡하게 섞여 있었는지 그녀 마음속에 들어갈 수 없으니 정확히 알기는 어렵다. 힘주어 말하고 싶은 부분은 가련의 삶을 종합해 볼 때 90년에 이르는 기나긴 삶이 정치적 신념 하나로 정리되진 않는다는 사실이다. 이건창의 시선을 걷어낸 그녀의 나머지 생은 젊은 날의 얼굴을 뒤로하고 여러 가지 얼굴로 화한다.

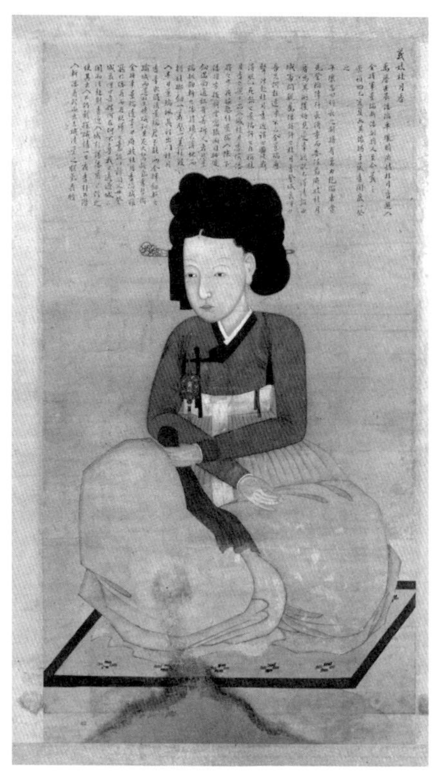

의기義妓 계월향桂月香 초상(1815).
임진왜란에서 왜적을 죽이는 데 공헌하고 자결한
평양의 기생 계월향(?~1592)을 그린 것으로 드물게
남아 있는 조선시대 기생 초상이다.
우국충정을 지녔던 가련이라면 아마도
선배 기생 계월향을 롤모델로 삼지 않았을까.
* 출처: 국립민속박물관 소장.

사랑과 정치의식,
기억에의 욕망 그 사이에서

1757년 여름, 가련에게 소식 하나가 들려왔다.

권섭權燮(1671~1759)이라는 양반이 함흥에 유람왔다는 소식이다. 권섭은 노론 산림 권상하權尙夏(1641~1721)의 조카로 문학과 풍류를 즐기며 전국을 유람한 명사였다. 나이가 들고서부터는 외부 출입을 줄였지만, 그럼에도 가련은 함흥에 명성이 높은 양반이 찾아왔다는 소식을 들으면 만사를 제치고 반드시 가서 만나 보곤 했다. 이번에도 가련은 서둘러 채비를 하고 귀한 손님들이 머물곤 하는 함흥부 관아로 오랜만에 발걸음했다.

희끗한 백발에 오똑한 콧날과 또렷한 눈빛을 지닌 권섭, 그 앞에서 차를 나누며 마주 앉은 가련. 몇 마디 인사말이 오간 뒤 서로 87세 동갑내기임을 알게 된 둘은 초면임에도 조금은 가까운 마음이 든다. 이윽고 권섭이 가창에 대한 명성을 익히 들었다며 가련에게 예를 갖춰 노래를 청한다. 잠시 망설이던 가련은 평생 수많은 양반네를 사로잡았던 〈출사표〉 대신 짧은 시조 한 편을 노래하기 시작한다.

남쪽 산악은 불에 탔는데 서쪽 정원엔 달이 돋았네
북쪽 천인은 득실을 아는가 모르는가
아이야, 잃어버린 자모慈母를 이제야 얻었도다.
—권섭, 《옥소고玉所稿》, 〈제련랑가곡후題憐娘歌曲後〉

낯선 곡조와 가사, 그러나 권섭의 표정은 이내 수많은 감정으로 벅차오른다. 어떤 노래들은 아주 오랜 시간이 지나 다시 듣게 되더라도 그 노래를 즐겼던 시절로 우리를 데려가 주는데, 지금 가련이 부르는 노래가 권섭에게 그러했기 때문이다.

가련의 노래는 당시로부터 60여 년 전, 숙종조 갑술환국 때 불렀던 노래였다. 노랫말에 나오는 '남쪽 산악'과 '서쪽 정원'은 단순한 풍경 묘사가 아닌, 인현왕후 복위를 둘러싼 남인의 패배와 서인의 성공에 대한 비유였다. 서인−노론이었던 권섭은 젊은 시절이던 숙종 연간, 인현왕후의 폐위에 반대하여 동지들과 상소를 올리고 서인의 영수 송시열의 억울함을 풀어 달라고 극렬히 시위한 적이 있었다. 그렇기에 가련의 노래에 감회가 남다를 수밖에 없었던 것이다.

노래를 통해 급속도로 가까워진 두 사람. 이후 둘은 권섭이 함흥에 머무는 그해 여름 동안 80대 후반의 나이가 무색할 정도로 '찐한' 연애를 하며 인생 마지막의 우정과 사랑을 함께 나누었다. 가련과 권섭은 하루가 멀다 하고 귀주사歸州寺, 독서당讀書堂, 칠보정七寶亭과 같은 함흥 명승지로 유람을 다닌다. 로맨티스트 권섭은 칠보정에 가서 어렵사리 연꽃을 꺾어다가 가련에게 주고, 가련은 예상치 못한 꽃 선물에 깜짝 놀라 기뻐한다.

그들의 사랑은 시한이 정해져 있는 만큼 거침이 없다. 육체적 사랑도 예외는 아니다. 가련은 권섭의 숙소를 찾아 즐거운 밤을 보낸 뒤 노래한다. "과연 그 맛을 보니 앵두인가 꿀인가. 참으로 다정함을 맛을 보니 알겠구나. 내일 아침 만나면 분명 활짝 웃으리." 야하고 내밀한 설렘을 어쩜 이렇게

권섭, 64세 때의 초상.
1734년 진응회秦應會 작, 충청북도 유형문화유산 제337호
* 출처: 제천의병전시관 소장, 안동 권씨 연잠공파 기탁.

잘 표현할 수 있을까? 하룻밤을 보낸 이에게 연락하는 멘트의 정석으로 삼고 싶을 정도.

둘의 만남은 실로 한 편의 영화와도 같았다. 이는 한문학자 장정수가 처음 소개한 권섭의 시조 한역시漢譯詩에 생생하게 담겨 있다. 어디서든 권섭이 흥에 겨워 한시를 지으면 가련은 거기에 우리말로 시조를 지어 노래로 답하였고, 때로는 권섭이 직접 시조를 짓기도 했다. 연인과 주고받은 노랫말을 귀하게 여긴 권섭은 이를 오래도록 남기고자 한문으로 번역하여 기록해 놓았다.

당시 권섭에 대한 가련의 마음을 표현한 짧은 구절 하나.

늙은이 마음속에 푹 젖어 맺혀 있네.
—권섭, 《옥소고》, 〈번노파가곡십오장翻老婆歌曲十五章〉

권섭이 기록한 20여 수의 시조들을 읊다 보면, 둘이 나눈 짧지만 깊은 사랑의 장면들이 사진처럼 떠오른다. 마치 오늘날의 연인들이 휴대전화 카메라로 남긴 사랑의 기록처럼 말이다.

그렇다고 가련이 그저 사랑만 했던 것은 아니다. 가련은 권섭을 만나며 돈도 패물도 아닌, 글을 갈구했다. 권섭의 기록에 따르면 가련은 매일같이 권섭의 거처를 찾아와서는 밤사이 권섭이 써 놓은 글과 시를 모조리 가져가 버렸다고 한다. 심지어 완성본이 아닌 초고마저도 싹쓸이하는 바람에 권섭은 가련의 집이 자신의 글상자가 되었다고 표현할 정도였다. 뿐만 아니라 그녀는 원고 청탁에도 거리낌이 없었다. 가련은 권섭에게 죽을 때 무덤에 묻는 글인 광지壙誌를 써 달라고 부탁했다.

저는 젊어서부터 지금까지 다른 사람은 하나도 보지 못했고 오직 서산 땅의 김 대감만을 훌륭하다고 생각해 왔습니다. 그런데 지금 영감을 뵈오니 김 대감보다 만배는 더 낫습니다.

—권섭, 《옥소고》

한평생 수많은 남자를 만나 온 기생이 이토록 강력한 인정의 말을 하는데 으쓱해지지 않을 남자가 있을까. 기생의 무덤에 유명 양반의 광지를 넣는 것 자체가 당시로서는 매우 드문 일이었으나, 권섭은 흔쾌히 100여 자에 달하는 〈가련광지可憐壙誌〉를 써 주었다.

북쪽 지역, 기방妓房의 천한 곳. 기이하도다! 이 사람은
어떤 여인인가? 두 눈동자는 고금의 일에 밝고, 한 목소
리로 명절을 노래하여 세상 남자들을 놀라게 하였다.
저 아름다운 용모로만 남을 기쁘게 하고 감동시키는 자
들이 또한 무슨 말을 하겠는가. 90여 세 동갑으로 이제
와서 마주 앉으니 천리 길이 헛되지 않았다. …… 당신
과 함께 영원토록 오색 구름 높은 곳과 눈 쌓인 산중에
서 손뼉 치며 읊조리리라.
—권섭,《옥소고》,〈가련광지〉

권섭이 짧은 유람을 마치고 함흥을 떠나게 되면서 둘은 눈
물의 이별을 했으나, 이후에도 이들의 사랑은 편지로 이어졌
다. 비록 생전 다시는 만날 수 없었지만.
이처럼 완벽해 보이는 가련과 권섭의 사랑. 다만 다소간
설명이 필요한 부분도 있다. 특히 남인보다 더 남인 같았던
가련의 젊은 날을 상기할 때, 권섭과의 첫 만남에서 가련이
갑술환국 시 남인의 패배를 아무렇지 않게 노래하는 장면은

가련과 권섭의 데이트 장소였던 함흥 귀주사 전경.
* 출처: 국립중앙박물관 소장.

경탄을 자아낸다. 앞서 살펴봤듯 가련은 갑술환국으로 인해 큰 시련을 겪었으나 끝까지 변절치 않고 "남인의 종이 될지언정 노론의 첩이 되진 않겠다"라고 다짐했었다. 그런데 어떻게 이런 노래를, 그것도 정적政敵이었던 노론의 핵심 인사인 권섭 앞에서 부를 수 있었을까? 노년의 가련에게 정치적 신념 같은 건 빛바랜 젊은 날의 추억 정도였던 것일까? 그럴 수도 있을 것이다. 오늘날에도 비일비재한 일이니까.

하지만 가련은 중년기에는 물론 노년기에도 남인 인사들을 만나면 과거의 정치적 신념을 가감 없이 드러내곤 했다. 예컨대 남인으로 훗날 영의정까지 오르는 채제공蔡濟恭(1720~1799)의 경우 젊은 시절 자신보다 50여 세 연상인 84세의 가련을 만나 남다른 감회를 느꼈다고 기록했다. 그는 가련에 관한 한시를 남긴 바 있다.

교제의 세태는 오래전 한나라 적공翟公이 잘 알았고
전씨田氏 두씨竇氏 권문의 다툼에 만사가 바뀌었건만
가련한 백발의 여인만이 홀로 여기에 있어
한평생 옛 마음의 기약을 그대로 간직하였네.
　　―채제공, 《번암집樊巖集》, 〈재필록載筆錄〉

채제공은 중국사의 전고에 빗대어 권세가들의 알력에 따라 부침하는 조선 정치판의 세태를 지적하면서, 백발의 가련만은 변하지 않은 채 한평생 옛 기약을 그대로 간직하고 있다고 칭찬해 마지않았다. 채제공이 말한 옛 기약이란, 가련이 젊은 날 보여 줬던 남인으로서의 태도에 다름 아니다. 즉 여느 남성 정치인들이 변화한 세태를 좇아 종래의 정치적 신념을 버리는 일을 마다하지 않는데도 가련만은 오래도록 예전의 신념을 그대로 간직하고 있음에 대한 경의의 표현이다. 그녀는 늙어서도 채제공과 같은 '남인 동지'를 만나서는 예전의 동류의식을 적극적으로 표출하고 있었던 것이다.

이러한 가련의 양면성을 표리부동한 기회주의적 행동으로 볼 수도 있다. 그렇지만 정치적 신념은 여전히 가련에게 가치 있는 것이었다고 생각한다. 젊은 시절에는 철저히 남인의 논리로 구성되었으나, 그들과 나눈 수많은 정치평론을 통해 나름의 식견을 갖추게 되면서부터 가련은 남인적 정체성에 기반하면서도 스스로가 세운 견해를 토대로 발언했다. 그러니 가련이 처음 권섭을 만난 자리에서 갑술환국에서의 남인의 패배를 노래했던 것도 같은 맥락에서 이해할 수 있다. 가련은 필요한 경우라면 남인에 대한 비판도 서슴지 않았던

것이다. 정치에 대한 관심은 북방의 천한 기생인 그녀의 삶
에 새로운 차원을 열어 준 문이었고, 세상을 올바른 방향으
로 이끌 수 있는 힘이었다.

하지만 한계도 명확했다. 가련의 경우 견해를 세울 수는
있을지언정 그 견해를 세상에서 실현하는 것은 불가능했다.
조선의 현실에서 이는 어디까지나 지배층의 몫, 그것도 대체
로는 지배층 남성의 몫이었으니까. 물론 이 같은 신분적·성
적·지역적 제약에도 불구하고 조선시대의 함경도 기생으로
서 가련이 양반 못지않은 정치적 식견을 지니고 사고하게 되
었다는 점 자체는 주목받아 마땅한 일이었다. 그러나 가련은
거기에 만족하거나 안주하지 않았다. 가련에게 실현할 수 없
는 정치적 식견을 양반들 사이에서 펼쳐 놓는 것보다 중요한
일은 세상이 그러한 자신을 '알아주는' 일이었다.

가련은 뛰어난 가창 실력과 기개 있는 면모로 명성을 날리
면서 생전 '함흥 삼절三節'이라고까지 언급되었다. 당시의
기생으로 가장 큰 인정을 받은 편이었다. 이제 남은 건 후대
사람들의 인정이었다. 노년에 든 가련에게 그것은 글에 대한
집착으로 표출되었다. 글을 통해 이름을 남기는 일은 가련의
마지막 꿈이었다. 앞서 살펴본 권섭의 글을 모두 가져온 일

화나, 권섭에게 자신의 무덤에 넣을 글을 요청한 것 모두 그러한 바람의 일환이었다.

연인인 권섭에게만 그리했던 것은 아니었다. 글에 대한 그녀의 집착은 가히 민망할 정도였다. 그녀는 유명한 양반이 함흥을 찾아오면 반드시 가서 대화를 나누고 한시를 부탁하곤 했다. 몸이 불편할 경우 기어서라도 방문했다고 한다. 또한 한양에 세 번이나 걸음하여 공경대부들을 찾아가 마치 수금하듯 한시를 수집해 오기도 했다. 노구를 이끌고 어떻게 함흥에서 한양을 세 번이나 오갔을까 싶으면서도, 가련이 80세 무렵까지 말을 잘 탔다는 기록을 보면 그녀의 놀라운 기력과 넘치는 의욕을 알 만하다.

가련은 이렇게 모은 한시들을 첩으로 만들었다. 세상에서는 이를 《가련첩可憐帖》이라고 불렀다. 왜 가련이 직접 쓰면 될 것을 굳이 양반들의 시를 모았느냐고? 그거야 한문을 못했기 때문이다. 물론 뛰어난 언어 능력으로 직접 한시를 남긴 조선 기생들도 있지만 가련의 경우 한문을 조금 읽을 수만 있었지 시까지 지을 실력은 없었다. 기생 시첩을 연구한 한문학자 정우봉에 따르면, 15~19세기에 걸쳐 제작된 조선 시대 기생 시첩은 대개 가련처럼 작시 능력은 없지만 노래나

악기 등으로 유명해진 기생들이 자신들의 예술활동을 인정해 주는 양반들에게 자신을 기록해 줄 것을 적극적으로 요구함으로써 세상에 남았다고 한다. 기생 시첩은 양반에게 위탁한 대행적 글쓰기를 통해 기생들이 자기 삶을 후세에 전하고자 선택했던 방식이라는 것이다.

《가련첩》에는 어떤 내용이 담겨 있었을까? 《가련첩》이 현전한다면 북한 지역에 있을 가능성이 크지만 아직까지 확인된 바 없어 구체적인 내용은 알기 어렵다. 대신 자신들의 문집에 《가련첩》 관련 글을 수록했던 양반들의 기록을 통해 짐작해 볼 수는 있다. 몇 편의 한시와 산문으로 남은 양반들의 가련에 대한 기록은 가련의 생애를 요약하고 그녀가 기생으로서, 인간으로서 이룬 경지를 긍정하는 내용이 주를 이룬다. 유명 인사들의 손에 의해 자신의 삶이 기록되고 기억되는 것, 이는 전적으로 가련이 절실하게 원했던 바였다. 게다가 오늘날까지 필자가 이렇게 가련 이야기를 쓰고 독자들이 읽고 있으니 어찌 보면 그녀의 계획은 전적으로 성공한 셈이다.

사후도 남달랐다. 가련은 기생이었음에도 불구하고 자신의 본관인 밀양 박씨 선산에 묻혔고 무덤에는 영·정조 연간

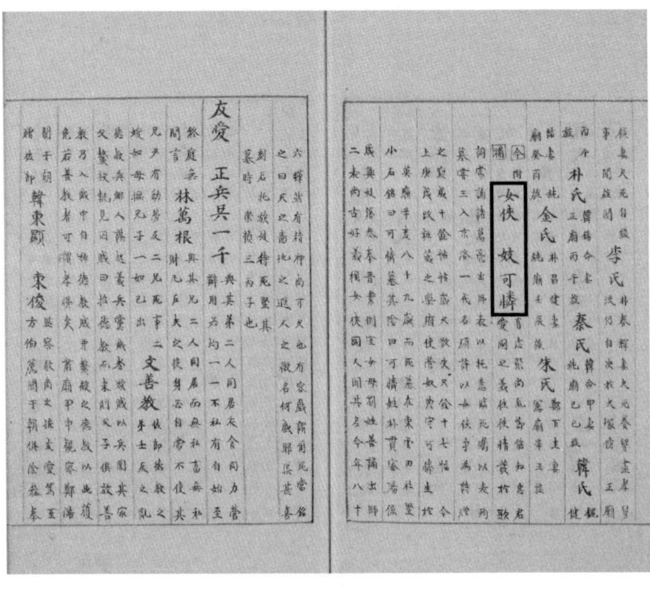

함흥 읍지인 《함산지통기》에 수록된 가련.
우측 면 중간 부분의 〈여협女俠〉 항목에 '기妓 가련可憐'이 있다.
* 출처: 한국학중앙연구원 장서각 소장.

의 명사 홍계희洪啓禧(1703~1771)가 써 준 표석이 세워졌다. 그녀의 무덤은 훗날 어사로 이름을 날린 박문수朴文秀(1691~1756)의 글씨로 '여협 가련의 묘'라 소개되었다.

이것으로 끝이 아니었다. 가련이 죽고 100여 년 후인 19세기 중반에 가서는 함흥 지역 읍지에 함흥을 대표하는 인물로 수록되는 영광을 누렸다. 그것도 조선시대 여성들이 읍지에 수록되었던 일반적인 항목인 열녀, 효녀가 아닌 '여협女俠' 항목으로 말이다. 함흥 읍지의 '여협' 항목에 수록된 인물도 가련뿐이다. 열행烈行도 효행孝行도 없는 여성이 읍지에 이름을 올리는 것은 조선시대에 극히 드문 일이었다. 가련의 이름 뒤에는 "지개志槩가 있고 기절氣節을 숭상했으며 충군애국忠君愛國의 뜻을 알았다"는 평이 달렸다. 만약 가련이 살아서 이를 읽었다면 분명 흡족한 미소를 지었으리라.

사실 냉정히 따지고 보면 가련은 진주의 논개처럼 국난의 위기에 전공을 세운 것도 아니고, 가련에 대한 평으로 붙은 '지개'와 '기절'과 '충군애국'을 이렇다 할 적극적인 행동으로써 증명해 낸 것도 아니었다. 함흥 읍지의 평은 어디까지나 가련이 생전에 했던 말과 노래, 이를 때로는 자발적으로 대개는 가련의 적극적인 간청으로 기록했던 양반들의 글이

쌓여 내려진 평가였다.

가련에게 '여협'이라는 평가를 입증할 만한 행적이 없었으므로 19세기 함흥 읍지에서도 양반들이 가련을 높이 평가한 《가련첩》이 비중 있게 소개되었다. 물론 약간의 각색도 가미되었다. 읍지는 한양의 일대 명사들이 가련을 여협으로 허여하며 가련에게 다투어 시를 써 준 것으로 소개하고 있다. 그러나 앞서 살펴보았듯 양반들이 다투어 시를 썼다기보다는, 가련이 노구를 이끌고 한양까지 찾아가서 시를 간청하며 돌아다닌 것이 실제였다.

시쳇말로 유명해서 유명하다고들 한다. 가련이야말로 누구보다 적극적으로 자신의 이미지를 만들고 이를 사랑과 우정, 은근한 부탁과 애원 등 온갖 수단을 총동원하여 양반 남성들에게 기록하게 함으로써 후대까지도 유명해지는 데 성공했다고 할 수 있지 않을까. 점잖은 누군가는 기억되는 게 뭐 그리 대수기에 그렇게까지 하느냐고 눈살을 찌푸릴지 모르겠다. 그러나 가련에게 기록이란 스스로를 세상에 남길 마땅한 방법을 갖추지 못한, 그러나 누구보다도 기억되고 싶었던 그녀가 부단히 노력하여 성취해 낸 삶의 공인이었다.

변방의 기생이었지만 결코 가련하지 않았던 가련의 삶은

참으로 입체적이다. 가련은 한편으로는 '명예 남인'을 자처하면서도, 다른 한편으로는 양반 남성이 주도한 정치 논리의 '성실한 학습자/체현자'에 그치지 않았다. 가련은 사랑할 만한 남자를 알아 보고 열성적으로 사랑하면서도, 그 남자를 통해 기생에서 벗어나 신분 상승하는 길을 도모하지 않았다. 가련에게 정치적 신념과 사랑은 삶의 소중한 가치였지만 그녀는 무엇보다도 자신이 있는 자리에서 인정받고 기억되기를 열망했다. 존재 증명과 인정 욕구야말로 그녀의 생애를 관통했던 화두였다. 이 시공을 초월한 보편적인 인간의 욕망은 천민 신분인 조선시대 기생의 처지에서는 지극히 달성하기 어려운 것이었으나, 가련은 이러한 자신의 욕망을 누구보다 잘 이해하고 결국에는 성취해 냈다.

가련 관련 기록 두 가지

● 이건창의 〈가련전〉

〈가련전可憐傳〉은 이건창李建昌(1852~1898)의 문집 초고 《명미당휘초明美堂彙艸 4》(국사편찬위원회 소장)에 실린 4쪽 분량의 글이다. 지금까지 확인된 가련에 관한 여러 가지 기록 가운데 가장 상세한 기록이다. 가련 사후 100여 년 뒤에 태어난 이건창이 가련을 누구보다 상세히 기록할 수 있었던 것은 이건창 집안의 선대인 이광덕李匡德(1690~1748)의 영향으로 보인다. 전주 이씨 덕천군파인 이광덕은 생전 가련을 만나 교류한 인물로, 이광덕과 가련의 만남은 조선 후기에 허구를 가미한 야담으로 전승되어 이광덕을 사랑한 가련이 이광덕 사후에 그를 따라서 자살했다는 이야기가 만들어지기도 했다. 물론 이는 전혀 사실과 다르지만, 이광덕은 가련과 친밀하게 교류한 인물 중 하나였으므로 이광덕이 집안에 남긴 가련 관련 기록이 있었다면, 이를 바탕으로 이건창이 〈가련전〉을 집필했을 가능성이 있다. 〈가련전〉은 20세기 초 창강 김택영이 간행한 이건창 문집 《명미당집》에는 빠져 있다. 〈가련전〉의 한글 번역은 《전傳, 불후로 남다: 조선 문인이 기록한 33인의 삶》(안세현 옮김, 한국고전번역원, 2018)에 실려 있다.

• 박영원의 《가련첩》 발문

가련이 남겼다고 하는 《가련첩》은 아쉽게도 현재 확인되지 않지만, 가련 사후 함경도 관찰사를 지낸 박영원朴永元(1791~1854)이 1850년에 쓴 가련첩 발문은 남아 있어 참고가 된다. 다음은 발문의 전문이다.

가련은 함산咸山의 여협女俠이다. 이름은 비록 기녀 명단에 있었으나 지조가 있고 기절을 숭상하여 여협으로 칭해졌다. 가련은 본디 부녀자의 태가 없어 능히 충국忠

國을 알았으며, 기사년己巳年의 여러 신하들이 삼충三忠과 같은 직분을 다하지 못한 것을 한스럽게 여겼다. 한 번은 안찰사가 가련에게 수청을 들게 하자 내켜하지 않고 죽어도 따르지 않았으며, 가련에게 노래를 시키자 절반이 풍자하는 말이었다. 을묘년乙卯年 나라에 큰 경사가 있자 하청가河淸歌를 지어 노래하였다. 거문고 연주를 잘 했고 제갈공명의 〈출사표〉를 즐겨 불렀는데 또한 자기의 뜻을 기탁한 것이었으며, 임종 시에는 〈출사표〉를 함께 묻어 달라고 유언하였다. 가련의 이름이 한양까지 회자되자 벼슬아치들이 함흥을 지날 때마다 모두 시를 써 주었다. 가련은 늙어서 한양에 세 번 왔는데, 유명한 벼슬아치들을 두루 만나고 다니면서 시를 구하였다. 이렇게 받은 시들이 상자에 가득 쌓이자 모아서 장정하고 《가련첩》이라고 하였다.

―박영원, 〈《가련첩》 발可憐帖跋〉《오서집梧墅集 14》, 〈건연록巾衍錄〉 중)

참고문헌

- 윌리엄 셰익스피어, 피천득 옮김,《셰익스피어 소네트》, 민음사, 2018.
- 이권희, 〈사대부와 기녀의 시조 수창에 대한 고찰: 玉所 權燮과 可憐의 경우를 중심으로〉,《동방한문학》64, 2015.
- 이희목, 〈이건창의 傳 작품 연구〉,《대동문화연구》25, 1990.
- 장정수, 〈옥소 권섭의 시조 한역 시 〈翻老婆歌曲十五章〉 및 관련 작품에 대하여〉,《어문논총》44, 2006.
- 장정수, 〈翻老婆歌曲十五章을 통해 본 기녀 가련의 내면의식〉, 《우리어문연구》30, 2008.
- 정우봉, 〈조선시대 기생 詩帖의 존재 양상과 문화사적 의미〉,《한국고전여성문학연구》18, 2009.
- 정우봉, 〈18세기 함흥 기생 可憐의 문학적 형상화와 그 의미〉, 《한문교육연구》34, 2010.

역사 속 여자, ○○하다 1

여자, 기록을 가로채다

2026년 3월 16일 1판 1쇄 인쇄
2026년 3월 19일 1판 1쇄 발행

지은이	장지연·윤민경
펴낸이	박혜숙
디자인	이보용 김진
펴낸곳	도서출판 푸른역사

우) 03044 서울시 종로구 자하문로8길 13
전화: 02)720-8921(편집부) 02)720-8920(영업부)
팩스: 02)720-9887
전자우편: 2013history@naver.com
등록: 1997년 2월 14일 제13-483호

ⓒ 장지연·윤민경, 2026

ISBN 979-11-5612-324-8 04900
　　　979-11-5612-323-1 04900 (세트)